JN008573

音楽を信じる

We believe in music!

村井邦彦

Kunihiko Murai

日本経済新聞出版

音楽を信じる　目次

I 僕の履歴書

Ⅱ　パリの思い出

Ⅲ　忘れ得ぬ人びと

Ⅳ YMO前史

装丁＝川名潤

音楽を信じる　We believe in music!

I　僕の履歴書

音楽を信じる

民主主義とジャズは終戦後に進駐軍が初めて持ち込んだと思っている若い人もいるようだが、もちろんそうではない。民主主義もジャズも戦前から日本にあり、現代まで脈々と受け継がれている。

大正初期に生まれた父の村井正雄は大正デモクラシーの残り香を青春期にたっぷりと味わったモダンな人で、僕は大きな影響を受けた。

父は日本大学工学部で最先端の航空工学を学び、海軍機関学校を出て技術将校として飛行機の電子部門を担当していた。戦後は建築家に転身したが、秋葉原で部品を仕入れて電気蓄音機やラジオを作るぐらいは朝飯前。後にはテレビまで作ってしまった。

若い頃からダンスや玉突きをたしなみ、英語も勉強していた。レコード棚にはジャズやタンゴ、クラシックなど、何でもそろっていた。僕は父の集めたレコードを繰り返し聴いて育ったのである。

母の美禰子(みねこ)は父より十歳下で、青春真っ盛りの頃に英語は敵性語、ジャズは敵性音楽にされてしまう。母にとっての音楽は鈴木三重吉が創刊した児童文芸誌「赤い鳥」の童謡になった。多くの童謡を覚えていて「からたちの花」「かなりや」などを歌ってくれた。

後年、僕はその名も「赤い鳥」というフォークグループのために「翼をください」を作曲する。教科書にも載って僕の代表作となったこの曲の原点は、父のレコードで聴いたジャズと母が歌ってくれた童謡にあるといえるだろう。

慶應義塾大学を卒業した一九六七年の秋に作曲家としてデビューして以来、テンプターズに提供した「エメラルドの伝説」をはじめ、短期間のうちに自分でも信じられない数の作曲を手がけた。

一九六九年、二十四歳の時に音楽出版社のアルファミュージックを設立し、作曲と会社経営の二足のわらじを履くようになった。フランスの音楽出版社からある楽曲の日本における出版権を格安で買ったのがきっかけだった。

今と違って音楽著作権の価値など誰もよく分かっていなかった時代だから、みんなから大丈夫かと心配された。

やがてその曲にポール・アンカが「マイ・ウェイ」という英語の歌詞をつけ、フランク・シナトラの歌で大ヒットした。おかげでアルファの資金繰りのめどもついた。

僕はアルファ専属作曲家の第一号として一人の女子高校生と契約する。若き日の「ユーミン」こと荒井由実だ。

音楽出版ビジネスに乗り出してはみたものの、国内同業他社のバックには大手電機メーカーや放送局がついていた。ユーミンはまだデビュー前だし、当時のアルファは吹けば飛ぶような弱小会社にすぎなかった。実際、力のある会社にねじ伏せられそうになる場面も多々あったが、負けるものかと必死に頑張った。

僕らの力の源泉は何か。音楽そのものではないか。音楽は大きな資本や組織に対抗する力になり得るだろう。そう考えて「ウィー・ビリーブ・イン・ミュージック（僕らは音楽を信じている）」をアルファのスローガンに掲げた。

ユーミンや赤い鳥、ガロといった才能を世に送りだした後、僕は一九七七年にレコード会社のアルファレコードを設立し、イエロー・マジック・オーケストラ（ＹＭＯ）で欧米市場に打って出る……。

予告編はここまで。次回から詳しく述べていきたい。つい先日、ＹＭＯの高橋幸宏が逝ってしまった。深い悲しみの中で、彼との思い出もたくさん語ることになるだろう。

両親

僕は東京大空襲の六日前、一九四五年三月四日に信濃町の産院で生まれた。語呂合わせで「三四郎」と名づける案もあったが、夏目漱石の『三四郎』のヒロインが母と同じ美禰子だから、それではまずかろうということで「邦彦」になったらしい。

信州の伊那谷に疎開し、戦後は足立区北千住にあった村井の家で暮らし始めた。それまでは祖母の村井とわと婿の武雄が住んでいたが、二人は母方の祖父山本光雄の所有する大貫海岸（千葉県富津市）の別荘に移ることになった。

幼い頃の僕は北千住の家、杉並区高井戸にあった母の実家、祖母とわのいる大貫海岸の家を行き来しながら育ったのである。

北千住駅から東に延びる商店街の裏手にあった家には広い庭があり、僕は木登りが好きになった。庭の柿の木から塀に飛び移り、塀を伝って隣家の二階まで遊びに行っていた。近所の太郎山公園（千住旭公園）で缶蹴りやメンコ、ベーゴマ遊びに興じた。

夏休みは大貫海岸で過ごした。とわは士族出身の元教師で、僕を「跡継ぎ」として殿様のように扱った。僕を五右衛門風呂に入れ、薪をくべながらいろんな話を聞かせてくれた。とわの父親が日清戦争で武勲をたてたとか、なぜ雨が降り、虹が出るのかなど、話題は尽きなかった。

週末には毎週のように高井戸の家まで遊びに行った。船問屋で財をなした祖父の光雄が建てた家だ。敷地は五〇〇坪。木がたくさんあって、僕の格好の遊び場になった。表玄関には仁王像が立っていた。芝の庭に池と築山があり、ヒマラヤ杉の巨木の下に石灯籠があった。築山の向こうに離れが建ち、その先の弓道場で光雄が弓を引いていた。

僕が行くという連絡が入るたびに、高井戸の家は「邦ちゃんが来るぞ」と大騒ぎになり、大切な物はすべて隠していたそうだ。僕は時計のような機械を見つけるとバラバラに壊してしまうのだ。ついたあだ名は「破壊魔」だった。

実は高井戸の家にいた母方の祖母ヵ子（かね）と父方の祖母とわは女子高等師範学校の同級生で、寮も相部屋だった。海軍機関学校を出て海軍少尉になっていた父正雄は、そんな縁から高井戸の山本家を借りて見合いをした。

ところが正雄は見合い相手ではなく、お茶を出した山本家の娘、美禰子を見初めてしまった。正雄は「あの娘と結婚したい」と駄々をこねた。

山本家と村井家では経済力が違いすぎると懸念する声も上がったが、一族の中心で人徳もあった光雄の一声で二人の結婚が決まった。正雄の実直さを認めたようだ。

光雄は慶應理財科（慶應義塾大学経済学部の前身）で学び、自由主義経済を信奉していた。学生時代はチェック柄の毛布をジャンパーに仕立て、オートバイを乗り回したというから「慶應ボーイ」の元祖の一人といえるだろう。やがて次々と事業を起こし、友人の会社にも参画した。

父は戦後、建築家に転じたのだが、妻の父光雄の考え方に大きな影響を受けたようだ。「起業して一生懸命に働いてカネもうけをするのは決して悪いことではない。多くの税金を納めれば国の役に立つし、雇った人が消費すれば経済が活性化する」。父は後年、そんな話をしてくれた。

高井戸からの帰り道、母とバスを待っていると、よく進駐軍のジープが止まって「乗せてあげるよ」と声をかけてきた。母は「ノー・サンキュー」と断り、僕の手を引き反対方向に歩いた。父も実直だが、母もそういう人だった。

北千住の家

北千住の家から上野の寛永寺幼稚園に通った。戦後間もないころだから上野には多くの戦災孤児がいて、園児をだまして弁当を巻き上げる事件が多発していた。

なぜか僕は一度も取られなかった。「あなたは食い意地が張っていて、弁当箱を抱えて放さなかったのよ」と後に母から聞かされた。

園長はお坊さんだった。お釈迦様の誕生日に甘茶を飲んだ記憶もあるが、我が家はキリスト教のプロテスタントだ。僕も中学に入る頃に洗礼を受けている。教会にはずっと行っていないのだが。

いかにも日本的というべきか、宗教に対するスタンスはアバウトかもしれないが、家族がプロテスタントになったのは母方の伯父山本浩の戦死がきっかけだった。学徒動員で若い命を散らしたのだ。

息子を失って絶望の淵に突き落とされた祖母を励まし、生きる勇気を与えてくださったのが、神学者としても知られる浅野順一牧師だ。浅野牧師との縁からプロテスタントの信者になったのである。

戦後、建築家に転じた父正雄の仕事も教会が多かった。今は建て替えられてしまったが、大森や富坂の教会、表参道にある東京ユニオンチャーチの改造も手がけている。

我が家は北千住駅から東に延びる商店街の裏手にあった。僕はその商店街の入り口近くにあった書店で岩波少年文庫を片っ端から買ってもらった。店主から「もう邦ちゃんの読む本はないよ」と言われたのを覚えている。

特にヴァン・ローンの『人間の歴史の物語』は何度も読んだ。オランダで生まれて米国に渡った歴史家で、同書には有史以前から現代までの歴史が叙述されている。僕はヴァン・ローンの文学的な筆致にしびれてしまったのだ。

印象に残っているのが「まえがき」だ。オランダで古い教会の塔にのぼった経験が語られる。塔の上から眺めると地上では見えなかった景色が見えた。歴史の塔にのぼれば、同じようにいろんな物事が見えてくるだろう……。

僕なりに要約すると、そんな意味のことが述べられていた。以来、僕は歴史に興味を持つようになった。

近所の千寿第四小学校に入学した。担任の安達先生は我が家のすぐ裏に住んでいた。インテリの若い女性教師だった。僕は先生のお宅の二階でバイオリンのレッスンを受けることになった。

音楽に目覚めたきっかけは父の集めたＳＰレコードで、電気蓄音機も父の自作だった。ベニー・グッドマンの「レッツ・ダンス」、タンゴの「ラ・クンパルシータ」、ケテルビーの「ペルシャの市場にて」など、蓄音機の前に陣取って繰り返し聴いた。

先生のお宅に譜面台はなかったから、たんすの引き出しを少し出して、そこに立てかけてレッスンを受けた。僕は譜面を見ず、先生の弾く旋律を耳で覚えて弾いた。ところが自分のバイオリンがギーギーと嫌な音を立てるのでたまらなくなり、先生が階下で電話に出ているすきに窓から木を伝って脱出した。

しばらく外で遊んでから何食わぬ顔で家に帰った。母は気づいていたはずだが、何も言わなかった。むしろ面白がっていたのではないか。安達先生も全く怒らなかった。

母と先生は僕の知らないところでいろいろと相談していたようだ。小学二年になったら私立の学校に通わせようというのが、その結論。プロテスタントではなく、カトリック系の学校だった。

暁星

僕は一九五二年、私立男子校の暁星小学校に二年生から編入した。北千住から国鉄を乗り継いで飯田橋で降り、母に手を引かれて面接を受けに行った。その後、高校まで暁星に通うことになる。

暁星はカトリックの修道会「マリア会」が一八八八年に創立した。マリア会はフランスのボルドーで生まれ、アルザス地方で発展した歴史がある。一八七〇年の普仏戦争でアルザスがドイツに割譲されたため、新天地を求めて米国や日本などに渡ったのだ。

僕がいたころの暁星にはアルザス出身の修道士や神父が四人いた。グットレーベン先生、ヘグリ先生、ガヴァルダ先生、ビルマン先生。懐かしい方々ばかりだ。

制服は六つボタンの黒い学生服で、下は半ズボン、靴は黒の編み上げ靴。学生帽にはぐるりと細い金モールがついていた。級長は二本の金モールが入った腕章を着ける。副級長は一本線だった。

暁星は伝統的にフランス語教育に力を入れてきた。フランス語は動詞の活用が複雑で、途中から編入してきた僕は面食らった。「ヤマアラシ」の異名を持つフランス語の山内先生は一人ずつ起立させ、活用を暗唱させた。

間違えるとヤマアラシから黒板消しでコツンとやられ、頭の上にチョークの粉がモワッと舞う。すかさず周囲から笑い声が上がる。おかげでパリで何とか生活できるくらいのフランス語は身についた。

当時は「月点」というシビアな制度があった。校長が教室にやってきて「村井君、平均何点、席次何番」とその月の成績を発表するのだ。

僕は編入した頃はビリの方だったが、三年の時に頑張って二番になった。一番はいつも磯部力君で、誰もかなわなかった。彼は東大法学部を出て有名な法学者になる。

中学に進学すると制服のボタンが七個に増え、下も長ズボンになった。いきなり大人になったように感じた。

磯部君は恐ろしく早熟な子どもで、中学に上がったばかりの僕にカミュの『異邦人』や『シーシュポスの神話』を薦めた。カミュは面白かったが、サルトルの『嘔吐』は僕には難解だった。

磯部君の家にはグランドピアノがあり、次兄の克さんがジャズを弾いていた。磯部君はデイブ・ブルーベックやＭＪＱ（モダン・ジャズ・カルテット）など、モダンジャズのレコードを聴かせてくれた。

二人でジャズ誌「スイングジャーナル」を定期購読し、レコード評を隅から隅まで読んで、次の小遣いでどれを買うか話し合った。

日比谷の映画館で一緒にヌーベルバーグの映画を見るのも楽しみだった。ゴダールやトリュフォーなど、当時のフランス映画はすべて見た。

ルイ・マル監督の『死刑台のエレベーター』はマイルス・デイヴィス、ロジェ・ヴァディム監督の『大運河』はＭＪＱ……。ヌーベルバーグの映画には盛んにモダンジャズが使われていた。

若いころの体験は人の一生を決めてしまう。僕はその後いろんな音楽を聴いてきたが、自分の判断基準はすべて当時の体験に基づいていると言っていい。実存主義文学とヌーベルバーグ映画とモダンジャズが一体となって僕らの体に染み込んできたのだ。

銀座のヤマハでレコードや楽譜を買う習慣ができたこと、渋谷の恋文横丁にあったジャズ喫茶「デュエット」で大学生に交じって長時間レコードを聴いたこと……。磯部君との交流がなければ、僕の音楽人生もなかっただろう。

波野君

波野君が亡くなって一年余りになるが、まだショックから立ち直れずにいる。歌舞伎の古典を継承し、後世に残すことに命をかけた名優を「波野君」と本名で呼ぶのは、僕を含め学生時代からの友人ぐらいかもしれない。

二代目中村吉右衛門の波野久信君は暁星の同級生で、小学二年から編入した経緯も同じだった。迎えにきた「ばあや」と呼ばれる人と校庭を歩く後ろ姿を何度も見た。三味線や踊りのけいこに行ったり、歌舞伎座に出演したりするための早退だった。

特に親しくなったのは暁星中学になってからだ。きっかけはジャズ。一緒にチェット・ベイカーのレコードを擦り切れるほど聴いた。

波野君の家は何度も引っ越しをしたが、最初に訪ねた家は現在の港区西麻布にあった。そこで何度か二人でジャズピアニストの大沢保郎さんからピアノのレッスンを受けた。母の正子(せいこ)さん（初代吉右衛門の娘）が「好きならちゃんと勉強しなさい」と連れてきてくれた先生だった。

次の引っ越し先は麻布狸穴町のアパートで、彼と兄の昭暁（てるあき）さん（二代目松本白鸚）にはそれぞれバス付きの部屋が与えられ、ご両親と妹さんが上階に住んでいた。

昭暁さんと彼と僕で落語家五代目古今亭志ん生や八代目桂文楽のレコードを聴きまくった。お気に入りは「たいこ持ち」の話で、何度聴いてもおかしくて三人で笑い転げた。この体験が後にタモリやスネークマンショーのレコードを作る原点になった。

やがて三人でバンドを組み、アパート内にあったけいこ部屋で練習を始めた。昭暁さんがドラム、波野君がベース、僕はピアノ。ジャズのピアノトリオだ。

ラジオの文化放送で三人の演奏をオンエアしたこともある。演奏はデタラメだったが、音楽をやる喜びは人一倍あった。本能のままにドカンドカンと楽器を鳴らした。原始人が木片をたたき、叫び声を上げるような感じだった。太古の昔、音楽とはこんなふうに始まったのだろう。

波野君のベースには音を追求する意志がみなぎっていた。彼は何をするにも本当にまじめなのだ。

アパートの上階で父の初代松本白鸚さんが劇作家の福田恆存さんとシェイクスピア論を闘わせている場面に偶然出くわしたこともある。芸術とは大の大人が真剣に取り組む価値のある重大事なのだ。僕は重要なことを学んだ。

次に思い出す引っ越し先は北鎌倉の家だ。僕はここに泊まり込み、波野君と一緒に大学受験の勉強に励んだ。僕らが二階でスタン・ゲッツのボサノバを聴きながら勉強しているとき、階下で妹さんがビートルズのレコードをかけ、奥の座敷では祖母の千代さん（初代吉右衛門夫人）が三味線のけいこをされていた。

波野君は歌舞伎をやめようと悩んでいた時期がある。北千住の僕の家に何日か泊まってずっと考え込んでいた。

「嫌ならやめればいいじゃねえか」と僕は言った。彼が本気で歌舞伎をやろうと決心したのはしばらくたってからだ。スポーツカーとジャズが好きな若者だったのに、毎日和服を着るようになった。

彼は早稲田大学第一文学部仏文学科、僕は慶應大学法学部政治学科に合格した。

僕らの仲は生涯、家族ぐるみで続いた。肺を病んだ僕が手術の前なのに葉巻をふかしていたら「おまえ、すぐやめろ」と彼が烈火のごとく怒ったことがある。ああ、良き友を持ったと僕は思った。

ジャズ

戦後、幼い頃からSPレコードでジャズを聴いていた。当時の主流はスイングジャズで、あこがれはベニー・グッドマン。花形楽器はクラリネットだった。

やがてモダンジャズの時代が訪れ、チャーリー・パーカーやポール・デスモンドのようなアルトサックス奏者が僕のアイドルになった。

暁星高校の一年生になったある日、ジャズ誌「スイングジャーナル」を読んでいたら「ジャズ演奏　生徒募集」の広告が目に飛び込んできた。

浅草に近い田原町のコマキ楽器で、現役バリバリのジャズミュージシャンが演奏を教えてくれるという。ドラムの講師はジミー竹内さん、サックスは吉本栄さんだ。

中古のアルトサックスを買ってもらい、週一回レッスンに通った。吉本さんは譜面の読み方、ジャズのシンコペーションをどう演奏するかに重点を置いて教えてくれた。

吉本さんのクラスには慶應義塾高校の三年生が三人いて、すぐに仲良くなった。山村恒夫、今村寛、山田和三郎の三人だ。和三郎は間もなくレッスンに来なくなったが、付き合いはずっと続いた。彼との交流については、後に触れることにしよう。

残る二人の山村さんと今村さんは慶應高のジャズオーケストラに入っていた。

慶應義塾大学に一九四六年設立のライト・ミュージック・ソサイェティというジャズオーケストラがある。通称は「ライト」。彼らが入っていたのはその高校生版ジュニア・ライトだ。

「ジュニア・ライトに参加しないか」。山村さんと今村さんに誘われた。暁星の同級生磯部力君の兄、克さんがライトのピアニストで、僕も何度か聴きにいっていたから迷うこともなかった。

僕は暁星高の生徒でありながら、慶應高のオーケストラでアルトサックスを吹くようになったのである。

ベースを弾き始めた磯部君をはじめ、暁星高の仲間たちともバンドを組んだ。そこで僕はアルトサックスではなくピアノを弾くことにした。フルートとクラリネットが入る編成だから、全体のアンサンブルを考えるとピアノサウンドがぴったりだった。

正式に学んだわけではないがピアノには子どもの頃から親しんでいた。母の実家にアップライトピアノがあったからだ。深い海の底から聞こえてくるようなピアノの低い音が好きだった。ちょうど子どもの目の高さに鍵盤がある。よくゴーンと鳴らして不思議な響きに聴き入っていた。

そのピアノを我が家にもらい受け、ジャズのスタンダードが数多く載っている楽譜集「１００１」や銀座のヤマハで買ってきたリチャード・ロジャースの分厚いソングブックなどを見ながら、ずっと独学で弾いてきたのだ。

ロジャースは映画にもなった有名なミュージカル『サウンド・オブ・ミュージック』の作曲家として知られ、一九二〇年代から四十を超えるミュージカル作品を手がけている。ジャズのスタンダード「マイ・ファニー・ヴァレンタイン」も彼の作品だ。

振り返ってみれば、ロジャースのソングブックは僕にとって作曲の教科書の役割を果たした。メロディー譜とピアノの伴奏譜がついた三段譜で、曲の成り立ちがしっかりと把握できたのである。

すでに述べた通り、僕は慶應大学を受験した。理由はほかでもない。ジュニア・ライトの仲間たちと一緒に演奏を続けたかったからだ。

慶應大学「ライト」

慶應義塾大学のジャズオーケストラ、ライト・ミュージック・ソサイェティは十七人編成。レギュラーメンバーになるには実力と運が必要だ。

ピアノは後に『ルパン三世』の音楽で有名になる四年生の大野雄二さんがレギュラーだったが、すでにプロとして活躍していたから大忙しで、来られない時は僕が代わりに弾くようになった。

大野さんはたまに練習に顔を出し、ジャズのコード（和音）を伝授してくれた。実際にコードを弾いてみせて「どんな調性でもこれを弾けるように練習したらいいよ」と教えてくれた。僕は今でもそのコードを愛用している。

僕が一年生の時のレパートリーはグレン・ミラー楽団の「ムーンライト・セレナーデ」やベニー・グッドマン楽団の「ドント・ビー・ザット・ウェイ」など、子供の頃から聴いてきた曲だった。

「ダンシング・イン・ザ・ダーク」のようなダンスの伴奏用の曲もあった。当時はダンスパーティーが盛んで、横浜のホテルニューグランドなどに呼ばれて演奏していた。

僕は三年生でコンサートマスターに選ばれた。選曲や練習の指導に当たる係だ。一年の頃のコンサートマスターは後にNHKのアナウンサーになる明石勇さん、僕の前任は吉本栄さんの下で一緒にジャズを習った今村さんだった。

今村さんはクインシー・ジョーンズが編曲した時代のカウント・ベイシー楽団の曲を中心に選曲していた。僕もその路線を踏襲した。

週に一回、三田キャンパスの階段教室で練習したのをはじめ、春、夏、冬の休みになると練習合宿か各地方の三田会（慶應卒業者の会）に呼ばれて演奏旅行に出かけた。

一年の時の山中湖合宿は忘れられない。湖畔にある山中山荘は体育会の施設でピアノは置いていなかった。隣で空手部の学生が「キエー」と叫んでいるような環境だったが、それはそれで面白かった。

ピアノがないから、僕は合宿では「聴き役」を務めた。オーケストラ全体のバランス、セクション間、セクション内のバランスを聴き、音の誤りがあれば指摘した。

大野さんをはじめ、ライトには優れた編曲者がいた。僕は合宿中、先輩の書いたスコアをひたすら写譜した。全楽器の楽譜を一つにまとめたスコア（総譜）から各楽器のパート譜を手書きで作るのだ。

聴き役と写譜は後の作曲やレコード制作の役に立った。特に聴き役は細部に注意深く耳を傾け、全体のバランスをとる訓練になった。

夏休みは演奏旅行で全国を回った。経費を節約するため夜汽車で移動し、演奏を終えるとその足でまた夜汽車に乗って次の町へと移動した。

二年先輩の伊藤勘作さんはライトの経済面を仕切る敏腕マネージャーだった。僕は伊藤さんの才覚をよく知っていたから、アルファレコードを設立する際に懇願して経理担当の役員になってもらった。

忘れられないのはTBSラジオの「大学対抗バンド合戦」のビッグバンド部門で優勝したことと、大好きなトランペッター、ハリー・ジェイムスの楽団と共演したことだ。ドラマーは名手バディ・リッチ。間近で聴いてひっくり返りそうになるほど感動した。

一九六七年三月に東京のサンケイホールで開いたライトの卒業コンサートのため、僕は初めて曲を書いた。同期のトランペッター、大熊進君をフィーチャーした曲だ。当時は自分が作曲で身を立てることになるとは考えもしなかった。

野尻学荘

子どもの頃からジャズのレコードを愛聴し、書店に並ぶ岩波少年文庫を読み尽くして……。そんな話ばかり書いてきたが、僕は決してインドア派ではなく、むしろ自然と触れ合うのが好きだった。

小学校時代は毎年、大貫海岸（千葉県富津市）にある祖母の家で夏休みを過ごした。毎日よく泳ぎ、カニと戯れ、地引き網漁を手伝ってはご褒美にアジをもらった。そのアジの身をサッとむいて、海水で洗って食べるのだ。

中学生になると毎夏、長野県の野尻湖畔で開かれる東京ＹＭＣＡ主催の青少年キャンプ「野尻学荘」に出かけるようになった。

僕ら中高生のキャンパーは総勢五十人以上いたが、六人ほどの班に分かれ、奥の入り江に点在する小さなキャビンで一カ月間寝食を共にした。二段ベッドのほかは何もない山小屋で、夜はランプの明かりを頼りに過ごすのである。

朝は船着き場に出て湖水で顔を洗った。水は透明でそのまま飲めるほどきれいだった。

すすけたランプの掃除や食器洗い、崩れた山道の補修など生活のために働く時間と、水泳やヨット、山登りなどをして遊ぶ時間があった。

水泳の指導役は偶然にも暁星の体育教師で、平泳ぎのチャンピオンの「ヒラメ」こと平田先生が務めていた。潜ったまま二十五メートル泳げないとヨットに乗せてもらえなかった。万が一ヨットが転覆して帆の下に入ったら、潜水して脱出しなければならないからだ。潜水の試験に合格して「ディンギー」と呼ばれる一枚帆の小型ヨットを初めて操縦した時の感激は忘れられない。風の音と水を切る音だけが聞こえる中で、ヨットは力強く進んでいった。

湖の北西部に浮かぶ弁天島（琵琶島）からキャンプ場まで三キロほど遠泳したことがある。冷え切った体で歯をガチガチいわせて船着き場に戻ってきたら、食堂のおじさんが大きな鍋をかき混ぜながら待っていた。湯気が立ち上っている。熱々のお汁粉だった。あんなにうまいお汁粉は後にも先にも食べたことがない。

日が暮れると、林を切り開いた広場でキャンプファイアが始まる。燃え上がる炎を囲んで歌うのだ。野尻学荘は今も続いているが、始まりは一九三二年だそうだ。その頃から伝わる歌が延々と歌い継がれている。

「がったごっとバスに乗って」「食器あらい」などのほか、スコットランド民謡「マイ・ボニー」やスイス民謡「おおブレネリ」もよく歌った。最後は必ずドボルザークの「遠き山に日は落ちて」の大合唱で幕を閉じるのだった。

明治以降、日本政府は西欧の音楽を導入してきた。文部省唱歌にはスコットランドやアイルランドの民謡が巧みに取り入れられている。

宗教改革を主導したマルティン・ルターは誰もが歌えるような賛美歌を奨励し、民謡を賛美歌に取り入れたほか、自ら作曲も手がけた。このキャンプではそうした歌に独自の歌詞をつけ、生活のリズムをつくっていた。

僕は野尻湖のキャンプで朝から晩まで歌い続けた。それで言葉をメロディーに乗せることに何の抵抗もなくなった。あの夏の日の経験が、どんな言葉でもメロディーに乗せることのできる今の自分をつくったのだと思っている。

野尻湖には高校一年の夏まで通った。楽しい生活を送っていると、ある日突然空が青く高く感じる日が訪れる。もう夏が終わってしまうのだとひどく感傷的になった。

キャンティ

六本木近くの飯倉片町にあるイタリア料理店「キャンティ」は文化人が集ったサロンとして知られている。

僕は高校一年から六十年余りこの店に通ってきた。最初に連れていってくれたのは一緒にジャズを習った山田和三郎だった。

東京の街がどんどん変わっていく中で、創業時の建物と内装を頑固に守り続けてきたキャンティは、僕にとって心のふるさとだ。

キャンティは川添浩史さんと梶子(かじこ)さん夫妻が一九六〇年に創業した。維新の志士、後藤象二郎の孫にあたる川添さんは一九三〇年代にパリへ渡り、映画の輸出入など国際文化交流の仕事に携わった。戦後は高松宮さまの国際関係特別秘書官を務め、絹や日本舞踊、文楽などを海外に紹介する。

さらに米ブロードウェイキャストの『ウエスト・サイド物語』を日生劇場に呼んだり、オートクチュールデザイナーのクリスチャン・ディオールを日本に紹介したりした。

「タンタン」と呼ばれた梶子さんは一九五〇年代にイタリアで彫刻家エミリオ・グレコに師事した芸術家で、美的感覚に優れ、英仏伊の三カ国語を流ちょうに話した。

夫妻は自分たちと仲の良い芸術家の「たまり場」として店を構想した。川端康成、三島由紀夫、シャーリー・マクレーン、イブ・サン・ローラン、カトリーヌ・ドヌーブ。国内外の友人が連日訪れた。

パリの気楽なカフェを思わせる雰囲気で昼から深夜までずっと開いていて、コーヒーやお酒だけ注文することもできた。常連同士ならウエイターに伝言も頼める。僕は一日に何度も訪れることがあったが、行けばたいてい誰か仲間がいたから退屈しなかった。

「キャンティは子どもの心を持つ大人たちと大人の心を持つ子どもたちのためにつくった場所」と川添さんは語っていた。長男の「象(しょう)ちゃん」こと川添象郎(しょうろう)、次男の「光(みつ)ちゃん」こと光郎(みつろう)、音楽家のかまやつひろし、ミッキー・カーチス、レーサーの福澤幸雄(さちお)、それに僕のような若者を大人たちと同席させた。

かまやつさんは「キャンティは夜間学校だ」と言った。ある夜、タンタンが作曲家の黛敏郎さんや画家の今井俊満さん、建築家の村田豊さんと「マニエリスム美術の再評価」について延々と議論するのを横で聞いていて「確かに夜学だ」と思った。

店外の課外授業もあった。ある夜、タンタンや和三郎と一緒にジャズ喫茶「銀座ACB(アシベ)」でかまやつさんのいるバンド、スパイダースを聴いた。僕は飛び入りしてハモンドオルガンを弾いた。曲はかまやつさんの書いた「バン・バン・バン」だ。間奏になると、かまやつさんとマチャアキ（堺正章）、順（井上）がモンキーダンスを踊った。

楽屋でリーダーの田辺昭知さんから「スパイダースに入らないか」と誘われた。しかし大学のジャズオーケストラが忙しくて断ってしまった。

川添さんに連れられ、日生劇場で『ウエスト・サイド物語』の舞台げいこを見学した。ジェローム・ロビンスが演出する姿を間近で見られたのだから得がたい経験だった。

川添さんと象ちゃんは一九六九年に反戦ミュージカル『ヘアー』を制作する。出演者やその仲間たちの輪に細野晴臣やユーミンらもいて、キャンティに現れるようになった。

僕が後に設立するアルファレコードの原点は疑いなくキャンティにある。川添夫妻と出会わなければ世界を目指そうとも思わなかったはずだ。

ドレミ商会

大学四年になった一九六六年、同級生の就職がどんどん決まっていく中で、僕は漠然と「会社員にはなりたくないな」と思いながら、特に就職活動はしていなかった。とはいえピアノで身を立てるのは無理だと悟っていた。例えば先輩の大野雄二さんにはとてもかなわない。

そんな折、ある先輩から「ラジオに出てみないか」と勧められ、俳優の石坂浩二、作詞家の安井かずみと三人で三カ月だけTBSラジオで番組をやった。二人の有名人に普通の大学生を入れた鼎談番組だった。ディレクターは僕をリスナー代表として位置づけたかったのだと思う。

同じディレクターから次の依頼が来たから評判は悪くなかったのだろう。今度は「モダンジャズの番組をやってくれ」と頼まれディスクジョッキーを務めることになった。深夜の生放送だった。サックスの巨人ジョン・コルトレーンが亡くなった日に追悼番組を放送した記憶がある。一九六七年七月十七日だ。僕は同年三月に卒業している。四年生の途中から卒業後まで一年ほどＤＪをやっていたのだ。

就職はどうしたかといえばレコード店を始めたのだった。話を四年生の秋に戻そう。

当時、レコード会社の日本コロムビアでジャズを担当していたライトの先輩、今尾宏樹さんをしばしば訪ねていた。「あなたはレコードのことをよく知っているから、レコード店をやってみたら」と今尾さんが言った。「レコードか、いいな」と思った。

渡りに船というべきか、キャンティの仲間で安井さんの最初の夫になった新田ジョージから「親の持っている店を経営することになった。見に来ないか」と誘われた。

場所は赤坂見附のホテルニュージャパンの隣だった。オープンテラスのカフェ「シャンゼリゼ赤坂」と、その裏手にある大きな店の二つを経営するという。大きな店は今でいうセレクトショップだ。

立地を見た途端にひらめいた。目の前に有名なナイトクラブ「ニューラテンクォーター」がある。ジャズのスター、ナット・キング・コールが出演したことは知っていた。

通りの向こうにも「コパカバーナ」「ゴールデン月世界」などのナイトクラブがあり、来日アーティストが出ていた。ジョージの店はクラブの客やホステスのために深夜二時ごろまで開けている。

「ここにレコード店を開きたい。僕が商品を仕入れて運営するから、利益は折半しよう」。その場でジョージに提案した。彼はセレクトショップの入り口近くにレコードコーナーをつくってくれた。店名は「ドレミ商会」にした。

早速、今尾さんに頼んでコロムビア、東芝、ビクターの特約店になり、他のレーベルはレコード卸の星光堂から仕入れるようにした。

三百万円の在庫を持って始めたら、一ヵ月余りで在庫が一回転する勢いで、大当たりだった。常時三百万円の在庫で年に三千万円近い売り上げになる。東芝の営業担当から「こんなに在庫回転率のいいレコード店は見たことがない」と驚かれた。

成功したのは在庫をナイトクラブの客の好むレコードに絞ったからだ。クラブがはねる時間になると客がどっとやってきた。アンディ・ウィリアムスやビートルズなどの洋楽と「ブルー・シャトウ」のような「和製ポップス」と呼ばれた曲がよく売れた。

「ブルー・シャトウ」を分析してみるとジャズ風のコード（和音）が使われていた。僕は思った。「ふーん、これなら僕にも書けるぞ」と。

作曲家デビュー

レコード店「ドレミ商会」の経営は順調だったが、入居していた赤坂見附のビルが売却されることになり、神楽坂と飯田橋の間に移転した。小さな映画館の隣にある鰻の寝床のような建物だった。

ここは赤坂のような地の利はないから、趣味性の高いボサノバの輸入盤などを置き、音楽雑誌に広告を出して客を呼ぶことにした。

ある日の夜八時頃、店の電話が鳴った。「今からビクターのスタジオに来てくれないか」。暁星の同級生、川村正澄君からだった。

新興音楽出版社に入社した川村君は、日本ビクターのフィリップス・レコードの録音に立ち会っていた。フィリップスのディレクター、本城和治さんから「今すぐに来てくれるピアニストを誰か知らないか」と言われ、僕を頼ってくれたのだ。

僕は店を閉めて車を飛ばした。当時、ビクターのスタジオは築地の川のほとりにあった。古びた木造の建物に入ると大きな廊下がスタジオまで続いている。廊下の左は学校の職員室のような趣でディレクターの部屋になっていた。

スタジオに入ると天使のような声が聞こえてきて、僕は一発でしびれてしまった。十九歳の森山良子が歌っていた。録音はすぐに終わった。

僕はピアノの横に良子ちゃんを連れてきて、書きかけの習作を何曲か弾いて聴かせた。彼女は後々までそれを覚えていて「村井さんは会ったばかりなのに、こういう曲を書いているんだと言ってピアノを弾いてくれた」と何かのインタビューで語っていた。

本城さんは慶應の先輩で学生時代は「ワグネル・ソサィエティー男声合唱団」に入っていた。「ワグネルですか。僕はライトです」。お互いにモダンジャズと映画が好きと分かって意気投合した。僕は二十二歳、本城さんは二十八歳だった。

「曲を書きたいのです」と率直に打ち明けた。ドレミ商会では「ブルー・シャトウ」のような和製ポップスが飛ぶように売れていた。それでヒットシングルを何枚か持ち帰って分析し、これなら自分でも作れそうだと思っていくつか習作を書いていたのだ。

その後、本城さんから作曲を依頼された。森山良子のデビュー曲「この広い野原いっぱい」の歌詞を手がけた小薗江（おそのえ）圭子さんの本に載っていた一編の詩に曲をつけてみてくれというのだ。数日後に曲を持っていったら採用された。

その曲は「恋はみずいろ」のヒットで人気を集めていたギリシャ出身の女性歌手、ヴィッキーのシングル「待ちくたびれた日曜日」として一九六七年十二月五日に発売され、僕のデビュー作となった。

良子ちゃんに聴かせた曲は山上路夫さんが詞を書いてくれて一九六八年五月に「雨あがりのサンバ」として発売された。森山良子のシングルのB面だったが、人気テレビ番組「11PM」に出ていた大橋巨泉さんのバンド「サラブレッズ」が気に入って番組で何度も演奏してくれた。

「雨あがりのサンバ」はプロとして初めて編曲まで手がけた曲でもあり、本城さんがジャズ界の名手を集めてくれてすごい演奏になった。フルートが宮沢昭、トロンボーンは鈴木弘、ギターは杉本喜代志、ドラムは日野元彦だ。

まだ数曲しか作っていない頃、テンプターズに書いた「エメラルドの伝説」が大ヒットした。ディレクターは本城さん、作詞はなかにし礼さん、リードボーカルは萩原健一、発売は一九六八年六月十五日。間もなく作曲の注文が怒濤のように押し寄せてきた。

ＧＳブーム

日本の音楽界には専属作家制が残っていた。レコード会社が専属の作詞、作曲家を抱える制度だ。一九六〇年代後半、その制度が崩れてフリーの作家が台頭し始めた。

背景にはグループサウンズ（ＧＳ）のブームがあった。ビートルズの来日が追い風になり、スパイダースやタイガースといった洋楽を志向する「和製ポップス」のバンドが旋風を巻き起こしたのだ。

自作自演を志すバンドもあったが、プロダクションやレコード会社はＧＳの曲作りを専門家に依頼するようになる。彼らが白羽の矢を立てたのは従来の歌謡曲の作家ではなく、新しい感覚を持つ若いフリーの作家たちだった。

作詞家は山上路夫、阿久悠、なかにし礼、橋本淳、安井かずみ。作曲家はすぎやまこういち、鈴木邦彦、筒美京平……。そこに最も年の若い作曲家として、僕の名前も加わることになった。

僕が作曲した「エメラルドの伝説」（一九六八年六月発売）はテンプターズにとって三枚

目のシングルだった。前作まではメンバーが作っていたが、ディレクターの本城和治さんは駆け出しの僕を起用した。

この曲を書く前、本城さんは新宿の小さなライブハウスに僕を連れていった。GSが現場でどう聴かれているのか実際に見せたかったのだ。カーナビーツが出演していた。「銀座ACB（アシベ）」でスパイダースを見た時より客層は若く、ほぼ全員が女性だった。アイ高野がドラムをたたきながら「好きさ　好きさ」と歌い、客席にスティックを向けて「おまえのすべてを」と叫ぶと、女性客は一斉に悲鳴のような声を上げた。彼女たちはほとんど泣いていた。

それで僕は「エメラルドの伝説」のサビを少女がキャーッと叫ぶようなメロディーにした。そこになかにし礼さんが「会いたい　君に会いたい」という詞をつけた。ショーケンこと萩原健一が手を差し出しながらこのフレーズを歌うと、案の定というべきか、少女たちは絶叫した。

すぐさまテンプターズのライバル、タイガースを擁する渡辺プロダクションから声がかかった。タイガースの作曲はデビュー以来、すぎやまこういちさんが手がけてきたがイメージチェンジのため新しい作家を求めていたのだ。

それまでは貴公子風アイドル路線だったが、世はリベラルなロックの時代になっていた。メンバーの希望もあったのだろう。もっと社会性のある歌を必要としていた。

タイガースの次のアルバム『ヒューマン・ルネッサンス』（一九六八年十一月発売）は「旧約聖書」をモチーフにして、作詞は山上路夫さんとなかにしさん、作曲は僕とすぎやまさんで分担し、メンバーの自作曲二曲を交えて構成した。

このアルバムのために僕が作曲した中に「廃虚の鳩」（山上路夫作詞）がある。「人はだれも　悪いことを　おぼえすぎた　この世界」と始まる。神の怒りで焼き尽くされた町ソドムとゴモラを歌っている。後半には廃虚から鳩が飛びたち、平和な世界が戻る。そんな歌だ。

この曲はヒットしたが、山上さんは渡辺プロ社長の渡辺晋さんから「君はＧＳを殺した」と言われたそうだ。プロダクションとしてはアイドル路線の方がやりやすかったという意味かもしれない。しかし世の中にはフォークやロック、反戦、ヒッピーの風が激しく吹いていた。

タイガースは分裂し、沢田研二と加橋かつみはそれぞれソロ活動を始める。僕は両方にかかわることになる。

わずか10日で12曲

僕がかかわるようになってから間もなくタイガースは分裂していったのだが、仕事は沢田研二、加橋かつみの両者と続けることになった。

ジュリーこと沢田のソロアルバム『JULIE』はタイガース在籍中の一九六九年十二月に発売された。全曲を作詞安井かずみ、作曲村井邦彦、編曲東海林修のトリオで制作した。

トッポこと加橋は一九六九年三月にタイガースを脱退し、フランスのレコード会社に移籍してソロアルバムを出す。彼の渡仏がきっかけで僕の人生も予想外の方向に動き出し、アルファの設立やユーミンとの出会いにつながっていくのだが、そこは後に詳述する。

さて、時計の針を一九六八年に戻そう。僕はタイガースを擁する渡辺プロダクションの出版部門「渡辺音楽出版」の仕事を大量に請け負うことになった。楊華森さんという敏腕プロデューサーが僕の担当になり、渡辺プロ所属歌手の新曲を次々と発注してきた。

ザ・ピーナッツ、伊東ゆかり、布施明といったスター歌手だけでなく、辺見マリやトワ・

エ・モワのような全くの新人の曲も頼まれた。

辺見に提供した「経験」(作詞安井かずみ)は「やめて」というセクシーなフレーズが話題になり、トワ・エ・モワの「或る日突然」(作詞山上路夫)は対照的に清らかな恋の歌としてヒットした。

ジュリーのアルバム全十二曲、トワ・エ・モワのアルバムも全十二曲など、大量受注が相次ぎ、恐ろしいほど忙しくなった。十二曲のための作曲時間はわずか十日間だった。

忙しいのは僕だけではなかった。渡辺音楽出版は有楽町駅近くのビルにあり、窓から山手線の電車が見えた。すぎやまこういちさん、平尾昌晃さんをはじめ、大勢の作詞、作曲、編曲家が詰めかけて二つの打ち合わせ室はいつも満員。廊下で打ち合わせをするのも珍しくなかった。

渡辺プロ以外では、ホリプロに頼まれてモップスの「朝まで待てない」を書いた。作詞の阿久悠さんと二人で赤坂のビジネスホテルに缶詰めにされた。曲ができるまでホリプロの担当者がジッと監視しているのだ。

僕はさっさと曲を書いてホテルから脱出した。広告のコピーライター出身で、まだ譜面が読めなかった阿久さんのために「4、8、7、6」などと文字数のメモを渡した。指定した字数の言葉を並べれば曲にはまるという寸法だ。

阿久さんは四苦八苦したらしい。担当者が「朝までは待てませんよ」と言ったのがヒントになって「朝まで待てない」の曲名が生まれたというのだが本当だろうか。

後日、阿久さんから「ざんげの値打ちもない」の詞が届いた。読んでいたら演歌のような節が浮かび、北原ミレイの歌でヒットした。

「村井さんは演歌調の曲も書くのですか」と周囲から驚かれたが「愛と云うのじゃないけれど　私は抱かれてみたかった」なんて詞を見せられたら演歌しか浮かばない。

なかにし礼さんから「夜と朝のあいだに」の詞をもらった時も演歌風のメロディーが浮かんだ。新人のピーターが歌い、これもヒットした。

岩谷時子さんが作詞した中で自分でも気に入っているのがタイガースに書いた「風は知らない」だ。タイガース再結成など重要なステージで必ず歌われる曲になった。

当時活躍した作詞家のほぼ全員と仕事をしたが、一生のパートナーになったのは「翼をください」を一緒に書いたガミさんこと山上路夫さんだ。ガミさんの話はまた後で。

パリで音楽出版社起業

「かつみの録音でパリに来ているんだ。クニも来ないか」。象ちゃんこと川添象郎から国際電話がかかった。憧れのパリ。断る理由はなかった。早朝オルリー空港に着き、凱旋門近くのホテルにチェックインして街を歩いた。

映画や小説で想像していたパリが目の前に存在している。なんて魅力的な街なのだろう。最初の一週間はまさに夢を見ている気分だった。

一九六九年五月のことだ。そのまま二カ月ほどパリにいた。この二カ月が僕の人生を変えることになった。

加橋かつみはフランスのバークレイ・レコードと契約し、象ちゃんは同社のプロデューサーになっていた。

象ちゃんの父でキャンティ創業者の川添浩史さんは、同社社主エディ・バークレイの古い友人だった。バークレイ・レコードの日本戦略について、エディが旧知の川添さんにアドバイスを求め、象ちゃんとかつみをパリに送ることで合意していたわけだ。

最新鋭の24チャンネルのテープレコーダーを備えたモンマルトルのスタジオで録音した。編曲はジャン・クロード・プティ、演奏者の大半がオペラ座管弦楽団員……。すべてが一流の録音だった。

録音が終わるとサンジェルマン・デ・プレのディスコ「キャステル」で夜食をとった。歌手のピエール・バルーやフランス・ギャル、まだブレイク前のファッションデザイナー高田賢三らを見かけた。

僕らはお金がなくなるとバークレイの本社を訪ねた。経理部長のロッシが札束をドカンとくれるのだ。社主の旧友で、パリでも名の知られた文化人ムッシュ・カワゾエの息子とその友人ということで、僕らは破格の特別待遇を受けていたのだ。

エディは仏レコード業界の王様だったが、かつては酒場でピアノを弾き、レコード店を営み、オーケストラのリーダーを務めた人で、僕の好きな「リラのワルツ」をミシェル・ルグランと共作している。

自分と経歴が似ていることもあって「こういう人がレコード会社を経営しているのか」と深く感じ入った。日本では親会社の電機メーカーなどから天下るのが普通だったからだ。エディとの出会いは僕の将来を暗示していた。

バークレイの音楽出版の子会社「バークレイ出版」が日本の提携先を探しているらしいと象ちゃんが言った。僕は彼と一緒に社長のジルベール・マルアニを訪ねた。

「とりあえず君が良いと思う曲を選んで、日本で出版してみたらどうかな」。ジルベールはそう言って、その場で十曲ほど聴かせてくれた。

僕は三曲を選んだ。ジルベールは「前払いで一曲一〇〇ドル。それでいいよ」と言った。三曲の中には後に「マイ・ウェイ」という英語の歌詞がつく名曲の卵もあった。

少し前から作詞家の山上路夫さんと夢を語り合っていた。「作家が自分の好きなように曲を書き、その曲を売り込む。そんな欧米型の音楽出版社をつくろう」と。

とはいえ、まだ社名も考えていなかった。ホテルのベッドに寝転び、象ちゃんと頭をひねった。僕が「ギリシャ文字のイプシロンはどうかな」と提案すると、象ちゃんは「アルファ、ベータ、ガンマ、デルタの後だろう。真っ先のアルファがいいよ」と言って紙に「ＡＬＦＡ」と書いた。

バークレイ出版との仮契約は「ＡＬＦＡ ＭＵＳＩＣ」名義で結んだ。「ＡＬＰＨＡ」とつづるべきだったが二人とも気づかなかった。そのまま今に至るのだが、これで良かったと思っている。

米国でも契約

一九六九年のパリ行きを機に超大物たちと仕事をするようになった。フランスの音楽業界のど真ん中に、正しい入り口から入れてもらえた。川添浩史さんの人脈と根回しのたまものだ。

国際的な音楽ビジネスは会社同士ではなく、人のつながりで動いている。僕はそれを痛感していくことになる。

帰国後も頻繁に東京とパリを往復した。独立してマルアニ出版を設立したジルベール・マルアニとは必ず会い、新しい曲を買った。後にハイ・ファイ・セットが歌う「海辺の避暑地に」やサーカスの歌でヒットする「Mr.サマータイム」は当時買った曲だ。

マルアニ一族は音楽業界の重要人物ばかりで、ジルベールの叔父はジョセフィン・ベーカーのエージェントだった。ベーカーは黒人女性として初めてフランスの偉人の殿堂パンテオンに祭られた伝説の歌手だ。ジルベールに頼めばほぼすべてのフランス人音楽家とコンタクトできた。

知り合って一年ほどたった頃、ジルベールが言った。「米国でスクリーン・ジェムズ・コロンビアの社長と副社長に会ってこないか。日本の権利を獲得できるかもしれないよ」。僕はすぐにパリからニューヨークに飛んだ。

スクリーン・ジェムズは数々のスタンダードソングを生んだティン・パン・アレーやブリル・ビルディングの伝統を継ぐ音楽出版の名門で、コロンビア映画の子会社だ。

僕は五番街の古いビルに副社長のアーウィン・ロビンソンを訪ねた。彼は弁護士で音楽著作権に精通していた。

その夜、暁星時代にバンドを組んだ仲の昭暁さん（二代目松本白鸚）が主演した『ラ・マンチャの男』をブロードウェイで見た。全編英語で海外の役者と渡り合う姿に刺激を受けた。終演後、パーティーに招かれて旧交を温めた。

翌日、ロサンゼルスに飛んだ。社長のレスター・シルはざっくばらんな人で、すぐに意気投合して契約を結んだ。アルファミュージックは晴れて米国の伝統ある音楽出版社の下請け出版社になった。

スクリーン・ジェムズの専属作家にはブリル・ビルディング時代からのヒットソングライター、キャロル・キングがいた。彼女のアルバム『つづれおり』（一九七一年二月発売）は大ヒットし、アルファに大きな収益をもたらした。

レスターに紹介された『つづれおり』のプロデューサー、ルー・アドラーがA&Mスタジオでキャロルの次作の録音を見学させてくれた。

彼女は楽譜を使わず、少数のミュージシャンたちとアイデアを交換しながらセッションし、多重録音を繰り返していた。そのやり方なら小型のスタジオで十分なのだ。

大型スタジオでオーケストラの演奏と歌を同時録音する時代は終わった。これは後につくるアルファの自社スタジオ「スタジオA」のインスピレーションになった。

ジルベールの根回しのおかげで、米国の音楽業界にスッと入っていけた。しかもアーウィンは全米音楽出版社協会会長を長く務め、レスターは名プロデューサーのフィル・スペクターを育てた人物。やはり業界のど真ん中だ。

レスターを通じて知り合った弁護士エイブ・ソマーは生涯の友となり、そのエイブがA&Mレコードの共同会長ハーブ・アルパートとジェリー・モスを紹介してくれた。後にアルファはA&Mと提携し、それがYMOの世界進出に……。すべてが人と人とのつながりなのである。

ヤマハとガミさんと赤い鳥と

作詞家の「ガミさん」こと山上路夫さんと一九六九年に音楽出版社アルファミュージックを旗揚げして間もなく、レコード制作に乗り出すことになった。

「レーベルを立ち上げて好きなレコードを作ってみたらいい。コロムビアが売ってやるよ」。日本コロムビア洋楽部長の金子秀さんからそう言われたのがきっかけだ。

洋楽部には国内制作セクションがあり「ブルー・ライト・ヨコハマ」「ブルー・シャトウ」など和製ポップスのヒットを連発していた。金子さんはさらに先端的な音楽をアルファに期待して「斬新な企画を考えてくれ」と言った。

音源はアルファが制作して製造と販売はコロムビアが請け負い、売り上げに応じてアルファに印税が支払われることになった。スタート資金の一部も出してもらった。

第一弾としてフィフィ・ザ・フリーの「栄光の朝」(作詞山上、作曲村井、編曲川口真)を作った。多重録音を繰り返すなど、凝りに凝ってプロデュースした作品だ。日本コロムビアから一九六九年十一月に発売され、初めて「ＡＬＦＡ」のロゴがレコード盤に刻印された。アルファ・レーベルの記念碑的作品になった。

その頃、日本楽器製造（現ヤマハ）社長の川上源一さんに呼ばれ、アドバイスを求められた。ヤマハはクラシック路線で成長してきたが、川上さんは音楽教室でポピュラー音楽を教え、エレクトーンを売り、合歓の郷（三重県志摩市）で音楽祭を開くなどポピュラー路線を推進していた。

川上さんとはウマが合い、公私にわたる付き合いになった。そんな折、ヤマハ音楽振興会の幹部から「ヤマハのコンテストでグランプリを受賞した『赤い鳥』にはぜひともプロになってほしいのですが断られて困っています。村井さんからくどいてもらえませんか」と相談を受けた。

僕は偶然テレビで赤い鳥を見て「うまいなあ」と感心していた。山本（当時は新居）潤子と平山泰代のメゾソプラノ二人による美しく力強い声と後藤悦治郎のハイトーンが絶妙に溶け合い、下から山本俊彦のテナーと大川茂のバリトンがしっかり支えている。

僕にとって理想的なコーラスグループだったから、すぐに兵庫県まで会いにいった。しかし彼らは一向に首を縦に振らない。グランプリの副賞は欧州旅行と聞いて「記念にロンドンでアルバムを一枚録音してこよう」と提案した。

ロンドンで再びプロ入りを勧めたら決心してくれた。山本潤子の記憶によれば、僕は「一緒に日本の音楽を変えよう」と言ったらしい。確かにそんな話をした気がする。ロンドンの録音はビージーズのマネージャー、ロバート・スティグウッド配下のプロデューサーに担当してもらい、英国でもシングル盤を出した。

ヤマハ、ガミさん、僕、赤い鳥の組み合わせで忘れられない三曲が生まれた。一つはヤマハリゾート合歓の郷のＣＭソング「忘れていた朝」。

もう一つは「窓にあかりがともる時」。この曲で「合歓ポピュラーフェスティバル'71」の参加作曲家賞をいただいた。フェスに参加していた中村八大、いずみたく、すぎやまこういち、宮川泰、服部克久といった作曲家が互選で決めた賞だ。同業者に認められたのは大変な名誉だった。

「翼をください」も合歓の郷で発表した中の一つ。この曲については後に述べる。ガミさんと一緒に書きたい曲を書き、自分でレコードを作れるようになって、僕の未来はどんどん開けていった。

スタジオA

アルファ・レーベルの後ろ盾は日本コロムビアの金子秀さんだった。金子さんが東芝音工に移ったのに合わせてアルファも移籍したが、彼はすぐにビクターの専務に転じ、アルファは東芝に取り残されてしまった。

赤い鳥の「竹田の子守唄」（B面「翼をください」）がヒットするなど、アルファは東芝で成果を上げたが「アルファ」のレーベル名は使わせてもらえなかった。赤い鳥のレコードは東芝内のレーベル「リバティ」、ユーミンは「エキスプレス」の名で発売されたのだ。レコードに「AN ALFA RECORDING」（アルファの録音物）のロゴを表示することだけは許された。

僕はアトランティックやモータウン、A&Mのように名前を聞いただけで音楽の内容が想像できるブランド力のあるレーベルを目指していた。アルファが制作した音楽を「アルファ」と名乗れないなんて、なんとも悔しかった。

その頃、川添象郎やミッキー・カーチスらがマッシュルーム・レーベルを旗揚げした。

僕は社長を引き受け、古巣の日本コロムビアに配給を頼み、制作費も出してもらった。コロムビアは僕の実績を買ってくれたのだ。

マッシュルームは小坂忠やガロのレコードで評価されたが、決定的なヒットが出なかった。ミッキーがプロの作家を起用する作戦に出て、ガロの「学生街の喫茶店」(作詞山上路夫、作曲すぎやまこういち)を大ヒットさせた。

当時、輸入車販売会社ヤナセとの関係が生まれた。「子会社のＣＭ制作会社ＴＣＪが田町駅前に映画スタジオを建てる。上階に併設する録音スタジオについて意見を聞きたい」と相談されたのだ。

僕はパリやロサンゼルスで録音した経験から「これから主流になるマルチ録音に対応すべきです」と答えた。

何度かの会議の末、ヤナセとアルファが共同出資会社を設立し、そのスタジオを共同で運営することになった。

僕はビクターのエンジニア吉沢典夫をスカウトして一緒にロサンゼルスへ向かい、建築設計家ジャック・エドワーズと知り合った。僕の大好きなＡ＆Ｍスタジオとモータウン・スタジオの両方を設計した人物だ。

一緒に帰国して田町の現場に連れていくと、ジャックはその場でスケッチを描いて「音楽家が気持ち良く演奏できる環境をつくる。それが何より大切なんだ」と言った。

彼はスタジオ内に音の反響が多い場所と少ない場所をつくり、楽器の特性に合わせて配置できるようにした。

例えばフレンチホルンを反響の少ない場所で吹いても間の抜けたおならのような音になる。反対にドラムを反響の多い場所でたたくと響きすぎて音が混ざり合い、何がなんだか分からなくなるのだ。

音を遮断する衝立はすべて低いものにした。これで音楽家同士が互いを見ながら一体感を持って演奏できる。

完成した「スタジオA」にはジャックの設計思想が隅々まで貫かれていた。

スタジオAを運営する共同出資会社「アルファ&アソシエイツ」（会長梁瀬次郎、社長村井）を一九七二年に設立した。

アルファミュージックのレコード制作部門とマッシュルーム・レーベルを吸収し、ミッキーは契約プロデューサー、象郎は制作担当役員に就任した。この会社が後のアルファレコードの基礎になった。

僕の理想のスタジオが完成した。やがてここに数々の才能が集まり、傑作が生み出されていく。こけら落としの録音はユーミンの「ひこうき雲」と決まった。

ユーミンの「ひこうき雲」

一九七二年から一年がかりで制作したユーミンこと荒井由実のデビューアルバム『ひこうき雲』（一九七三年十一月発売）には数々の思い出がある。

話は一、二年ほどさかのぼる。川添象郎宅の食堂で細野晴臣と出会った。小坂忠もいた。細野は象ちゃんのギターを借りて静かにつま弾いていた。僕は数小節聴いただけなのに魂が揺さぶられ、彼の才能にほれ込んでしまった。

『ひこうき雲』の制作に当たって、真っ先に決めたのは細野の起用だった。細野は松任谷正隆、鈴木茂、林立夫を連れて「スタジオA」に現れた。録音はヘッドアレンジで進められた。譜面は使わずに口頭で曲のイメージを伝えながら作り上げていく方法だ。

僕がA&Mスタジオで見学したキャロル・キングの録音と同じだった。編曲者が楽譜を書き、オーケストラが演奏する録音と比べると、音楽家一人一人の個性が際立って聞こえる録音方式といえる。

歌入れでは音程に厳しいアルファの名物ディレクター有賀恒夫のダメ出しが相次ぎユー

ミンは苦労した。制作が一年に及んだのは歌入れに時間を要したからだ。あまりの厳しさに、彼女が涙を流したこともある。松任谷がスタジオに一輪の花を贈って慰めた。

松任谷はユーミンを八王子まで車で送るようになった。その思い出を彼女が曲にしたのが「中央フリーウェイ」だ。やがて日本の音楽史に残る音楽家カップルが誕生した。

今や笑い話になっているが深刻な出来事もあった。『ひこうき雲』のジャケットはユーミンの希望通り、クラシックの有名レーベル「アルヒーフ」を模したデザインにした。アルヒーフと同じように、中央上部に「ＡＬＦＡ」の大きなロゴを入れたのだ。

発売元の東芝ＥＭＩからクレームがついた。ロゴは外せと命じられ、さらに東芝のディレクターの名前をクレジットに入れろとねじ込まれた。そのディレクターは東芝の窓口にすぎず、制作には全く関わっていないのだ。

僕は悔しくて天を仰いだ。しかし東芝とアルファの力関係を考えれば、要求をのまざるを得なかった。自分の思い通りのレコードを作るため、いつか自分でレコード会社を設立しようと心に誓った。

東芝内にいた一部敵対者たちとの対立は、新社長の高宮昇さんが人格者だったおかげで次第に解消していった。

ユーミンとの出会いは一九七一年一月、場所は千駄ヶ谷の新しいビクタースタジオだった。加橋かつみが二作目のソロアルバムを録音していた。

スタジオを訪れると調整室から斬新な曲が聞こえてきた。ディレクターの本城和治さんが先に録音した曲をチェックしていたのだ。僕は新鮮なメロディーと色彩豊かな和音に強く引かれた。ユーミンが加橋に提供した曲だった。

僕はアルファの専属作家にならないかと誘った。彼女はまだ高校生で、良家の子女なのだろうと思わせる礼儀正しい人だった。謙虚で控えめだが自分の意見ははっきりと言う。これはなかなかの人物だと思った。

三田にあったアルファミュージックの事務所に通ってきて、自宅で作った歌とピアノのデモテープを聴かせてくれた。素晴らしい曲ばかりで、僕はアドバイスめいたことは一切言わなかった。

僕が一番好きな彼女の曲は「雨のステイション」。こぬか雨の降る駅で別れた恋人を思う歌だ。母の実家があった高井戸を思い出す。雑木林があり、小川が流れ、武蔵野らしい風景だった。ユーミンの感性は武蔵野の自然にはぐくまれたのではないかと思っている。

「翼をください」

九歳年上の「ガミさん」こと、作詞家の山上路夫さんと多くの曲を書いた。トワ・エ・モワの歌でヒットした「或る日突然」や森山良子の「雨あがりのサンバ」から半世紀余りコンビを組んできたことになる。

日本のヒットソングライターは「こういう歌手に、こんな感じの歌を書いて」と頼まれて書くのが普通だが、そればかりではつまらない。ガミさんと僕は自分たちの好きな歌を心のまま自主的に書きたいと考えた。

多くの人に愛され、長く歌い継がれる日本のスタンダードソングを作ろう。そんな夢を抱いて一緒にアルファミュージックを設立した。

「翼をください」が夢をかなえてくれた。初演は一九七〇年十一月の合歓ポピュラーフェスティバル'70だった。ガミさんは赤い鳥のために「希望」という詞を書いてきたが、僕が曲をつけると「これでは詞が曲に負けている」と言って新しい詞を書き始めた。

本番四時間前に仕上がってきたのが「翼をください」だった。僕は楽屋で赤い鳥に楽譜を渡し、大急ぎでリハーサルをしたのを覚えている。

最近は年を取って涙もろくなったせいか、僕の住んでいるロサンゼルスの小学校の合唱団、その多くが日本人の親や祖父母などを持つ子どもたちなのだが、彼らが歌うのを聴いて涙が止まらなかった。

「この大空に翼を広げ　飛んで行きたいよ　悲しみのない自由な空へ」。このくだりが自分の人生と重なってジーンと来てしまったのだ。

自由を希求する心は人間の本質であり、根源といえるだろう。奴隷制度や植民地支配、独裁政治、性差別や人種差別からの解放……。人間は自由を求め続け、歴史は自由に向かって進んでいく。

ガミさんは子どもの頃、ぜんそくで長い闘病生活を送っていた。友達が外で遊び回っているとき、寝ていなければならなかった。天井を見つめながら、自由に遊び回れる日を夢見ていたことだろう。

「翼をください」はガミさんの少年時代の体験から生まれたのではないか。本人に尋ねると「まったくその通りだよ。クニは僕のことをよく分かってくれているね」と言った。

この曲は教科書に載り、もともと赤い鳥のために書いた合唱曲ということもあって合唱コンクールで歌われるようになった。一九九八年の長野五輪で元赤い鳥の山本潤子が歌い、二〇二一年の東京五輪ではスーザン・ボイルの歌う英語詞版が流れた。これまでカバーした歌手は国内外合わせて数百人はくだらないだろう。

ガミさんの父は戦後まもなく大ヒットした「港が見える丘」を作詞・作曲した東辰三（あずまたつみ）さんだ。戦前、ジャズコーラスのバスを担当していた。ガミさんは父のモダンな音楽を聴きながら感性を磨いたのだろう。曲の意味を深く読み取る力があり、作曲家がなぜこのメロディーを書いたのか、気持ちが分かるのだ。作詞はガミさんの天職に違いない。

僕以外の作曲家とも「瀬戸の花嫁」「ひなげしの花」「私鉄沿線」など数々の名曲を作った。「人生楽ありゃ苦もあるさ」と歌う『水戸黄門』の主題歌もガミさんの作品だ。

近年は二人とも日本に回帰し、日本の風土や日本人の優しい気持ちをテーマにした歌曲を一緒に作っている。

日本回帰の出発点となった曲が「つばめが来る頃」だ。ソプラノ歌手の森麻季が二〇一一年夏、仙台市の復興コンサートで初演してくれた。つばめが繰り返しやってくる日本の日常、誰かが誰かを愛し、次の世代が生まれる。そんな情景を歌っている。

勝新太郎監督の映画音楽

「実は初めて監督をやることになってね。音楽は村井さん、あなたにやってもらいたい」。突然電話で呼び出されて勝プロダクションに出向くと、勝新太郎さんが映画の構想を熱く語ってくれた。卑劣なヤクザの顔役をやっつける鬼刑事の話だ。

「こんな感じの音楽にしたいんだ」。勝さんがテープで流したのはソウルシンガー、マーヴィン・ゲイの「悲しいうわさ」。僕の大好きな曲だ。勝さんはもともと長唄三味線方、杵屋の若旦那。趣味がいいなと思った。以来十年近く仕事をすることになった。

勝さんの初監督作品『顔役』（一九七一年）の音楽はアオイスタジオで録音した。勝さんの付き人が三人がかりで大型のアイスボックスを運んできたから驚いた。野外ロケで使っているものだという。水や氷だけでなくビールやウイスキーもぎっしり詰まっている。

「一杯やらないか」。三十人ほどいた演奏家に勝さんが声をかけた。最初は遠慮していた演奏家たちも録音が進むにつれ打ち解けて、四時間後には全員できあがってしまった。僕のキャリアで空前絶後の「飲酒録音」になった。

一九七六年に始まった勝さん主演『新・座頭市』（フジテレビ）の主題歌と挿入歌は、石原裕次郎さんが歌うことになった。僕とガロのトミーこと日高富明が共作した「不思議な夢」（作詞なかにし礼）が主題歌に、僕が『顔役』のために書いた器楽曲になかにしさんが詞をつけた「野良犬」は挿入歌に決まった。

新橋にあったテイチク会館のスタジオで歌入れをした。例のアイスボックスが再び運び込まれた。今度は裕次郎さんのと二つだからスタジオには入りきらず廊下に置いた。

勝さんと裕次郎さんが調整室でいきなりウイスキーを飲み始めた。映画界を憂う二人の話は延々と続き、僕はスタジオ料金が気になったが、横で拝聴するしかなかった。

「さあ、やるか」。二時間後に裕次郎さんが腰を上げた。僕がピアノで曲を教えると裕次郎さんは恐ろしいスピードで完璧に覚えてしまい、歌もうまいから録音はあっと言う間に終わった。

市川崑監督とも二作やった。横溝正史原作の『悪魔の手毬唄』（一九七七年）の音楽を担当し、手塚治虫原作漫画の実写版『火の鳥』（一九七八年）には製作者の一人として参加した。音楽は友人のミシェル・ルグランに書いてもらった。

高倉健さん主演のドラマ『あにき』（一九七七年、ＴＢＳ）の音楽も担当した。

ミュージカルとのかかわりも述べておきたい。

僕は一九七一年秋、渡英中の音楽評論家安倍寧（やすし）さんに「アンドリュー・ロイド・ウェバーという新進作曲家のミュージカルがブロードウェイで始まります。関係者を紹介しますから渡米して見てもらえませんか」と国際電話で伝えた。

赤い鳥のロンドン録音で世話になったロバート・スティグウッドから「この作品を日本でやってくれる人を紹介してほしい」と頼まれたのだ。アルファの顧問をお願いしていた安倍さんは浅利慶太さんの慶應の同級生で、劇団四季の役員でもあった。

先日、八十九歳の安倍さんから当時を振り返るメールが届いた。「あれがきっかけで劇団四季の『ジーザス・クライスト＝スーパースター』の上演が実現し、後の『キャッツ』『オペラ座の怪人』につながった。四季の隆盛はロイド・ウェバーとのいち早い接触がなければあり得なかった」

僕は仲介役を務めただけだがミュージカル界にも貢献できて良かったと思っている。

「美しい星」

話は一九七〇年にさかのぼる。正月早々、悲しみに暮れることになった。僕の指南役でもあったキャンティの川添浩史さんが逝ってしまったのだ。亡くなる二日前、病床から半身を起こして川添さんは言った。「村井君、美は力だよ」。忘れられぬ言葉になった。

同じ年の十一月後半、六本木にあった行きつけのサウナに出かけると、男が二人続いて入ってきた。キャンティの常連でもあった三島由紀夫さんと「楯の会」の森田必勝だ。二人とも興奮していて、目が血走っている。サウナの狭い一室に三島さんと森田と僕の三人だけになった。数日後にあの三島事件が起きてひっくり返るほど驚いた。

NHK札幌放送局の依頼で札幌冬季五輪の曲を書くことになり、同局のスタジオに案内された。地元の医師で詩人でもある河邨文一郎(かわむらぶんいちろう)さんの詩がピアノの譜面台に置かれていた。詩を読んでいるうちに「ぼくらは呼ぶ　あふれる夢に」のメロディーが浮かんだ。取っかかりができれば後は早い。曲はすぐに完成した。

この「虹と雪のバラード」の出版権はアルファミュージックが取得し、レコード各社に

「誰かに歌ってもらえないか」と働きかけた結果、競作になった。トワ・エ・モワや黛ジュン、菅原洋一ほか多くの歌手が歌ってくれた。トワ・エ・モワ版が最も有名になり、一九七一年末の紅白歌合戦でも彼らが歌った。現在も札幌市営地下鉄の到着メロディーとして使われている。

その頃、川添さんの妻梶子さんから姿勢の良い白髪の紳士、日本ユニセフ協会会長の古垣鐵郎（ふるかきてつろう）さんを紹介された。国際連盟事務局、朝日新聞論説委員、ＮＨＫ会長、駐仏大使などを歴任した人物だ。当時、週に何度か飯倉片町のユニセフに顔を出していた。三軒隣がキャンティだった。

七十歳と二十五歳。四十五歳の年の差などものともせず、古垣さんは理屈や理想を語ってくれた。まるで明治の書生のように。僕はそんな古垣さんが大好きで、家族同然の仲になった。昼は理髪店で散髪しながら時事問題について議論し、夜は食事をしながら古垣さんの昔語りに耳を傾けた。

古垣さんは記者としてリットン調査団に同行し、松岡洋右代表に随行して自身の古巣でもあるジュネーブの国際連盟総会を取材している。仏ドゴール将軍や英ウィンザー公とも親交があり、話はいつも抜群に面白かった。

ある日、ローマ・クラブが当時発表した「成長の限界」に関連し、地球の資源は無限ではないという話になった。

各国の人々が自国の文化や伝統を大切にしながら、同時に地球市民として一体となって地球運営をしていかなければならない……。古垣さんと理想を語り合ううちに「美しい地球を子供たちに残す。この壮大なテーマを歌にして、世界中の歌手に歌ってもらおう」と意見が一致した。

趣旨に賛同してくれた山上路夫さんが「誰でも一つの命を持って　生きてるのさ　星の上で」という詞を作り、僕の作曲で「美しい星」が完成した。印税の受取人は日本ユニセフ協会にした。

今度は海外にも競作者を求め、フランスの児童合唱団ポピーズやカナダの少年歌手ルネ・シマールが歌った。日本は森山良子、赤い鳥、天地真理らの競作になった。一九七二年末の紅白歌合戦では森山が歌い、僕は指揮棒を振った。

これでカナダのルネとの縁が生まれ、彼は僕の作曲した「ミドリ色の屋根」を歌って一九七四年の東京国際音楽祭でグランプリに輝く。

アルファの名盤

初期のアルファのスタジオAには優れた才能が集まった。ユーミンこと荒井由実をはじめ、後にYMOのメンバーになる細野晴臣、坂本龍一、高橋幸宏、さらに大瀧詠一、松任谷正隆、松本隆、山下達郎、矢野顕子、佐藤博……。まさに多士済々だ。

近年は一九七〇~八〇年代の日本のシティポップが国内外で再評価され、アルファの作品群も脚光を浴びている。

僕がプロデュースした吉田美奈子の『FLAPPER』（一九七六年）も若い人に聴かれているそうだ。作家は美奈子のほか、細野、大瀧、達郎、顕子、佐藤と豪華な布陣だ。編曲と現場の指揮は佐藤に任せた。今では彼の一九八〇年代のアルバムも海外で評判らしい。一九七六年当時は我が家に居候していて、僕が夜遅く帰宅するたびにその日の録音をうれしそうに聴かせてくれた。

ユーミンがアルファに残した四枚のアルバムはどれも忘れがたい。第四作『14番目の月』（一九七六年）の制作中、スタジオAをのぞくと外国人がベースを弾いていた。マンタ（松任谷正隆）が僕の許可も得ずに呼んだのか、予算オーバーだな……と思ったが野太いベース音と重いビートに感動して文句を言うのはやめた。

ベースはリーランド・スカラー、ドラムはマイク・ベアードだった。ユーミンのバックは細野、マンタ、鈴木茂、林立夫の「ティン・パン・アレー（初期はキャラメル・ママと名乗る）」が固めていたがスケジュールが合わず、来日していたリーランドらをマンタが呼んだのだった。

一連のユーミン作品で印象深いのは達郎、美奈子、大貫妙子によるコーラスで、全くもって最高だった。達郎だけ突出して声が大きいため、マイクから離れて歌っていた。

小坂忠の『ほうろう』（一九七五年）は日本R＆Bの名盤中の名盤といわれている。ティン・パン・アレーに松本、顕子、さらに達郎、美奈子、妙子のコーラス。発売当初は数千枚だったが、もう五十年近く売れ続けている。

アルファ・サウンドの決定版といえば赤い鳥から派生した三人組コーラスグループ、ハイ・ファイ・セットだと僕は思っている。特に好きなアルバムは第三作『ラブ・コレクション』（一九七七年）。「フィーリング」（訳詞なかにし礼）も入っている。山本潤子は僕やマンタ、美奈子が心底ほれ込んでいる偉大な歌手だ。

アルファの変わり種にタモリの三部作がある。「ハナモゲラ相撲中継」「アフリカ民族音楽〝ソバヤ〟」をはじめ天才タモリの異能ぶりが遺憾なく発揮されたアルバムだ。

深夜放送で話題になり始めていたタモリを田町にあった中華料理店の個室に招いて一席やってもらった。みんな腹を抱えて笑い転げ、その場で録音を決めたのだった。

ハイライトは雪村いづみさんの『スーパー・ジェネレイション』(一九七四年)だ。作曲家の大先輩、服部良一さんの名曲を息子の克久さん、戦後の名歌手雪村さん、キャラメル・ママという世代を超えた組み合わせでよみがえらせた。

僕は良一さんの「香港夜曲」を編曲してアルバムの「序曲」に据えた。先日、マンタが「音楽の歴史の連続性を表現できたアルバム」と話してくれたが、全く同感だ。

シティポップは当時の日本の繁栄が生み出した文化といえる。昨今のブームでアルファに光が当たっているのは望外の喜びで、時間もお金も手間もかけ、苦しくても妥協せず、作品の質を最優先して制作した日々が報われる思いだ。アルファにかかわった全員の勲章だと思っている。

A&Mというパートナー

一九七七年に念願のレコード会社を始め、翌年米A&Mレコードとライセンス契約を結んだ。これでアルファのブランドイメージを確立できる。A&Mというパートナーを得て、長年の夢だった海外進出の道も開けるはずだ。

従来は原盤制作だけだったが、レコード会社はヒットが出ると利益が膨大になる。利益が出れば一般の会社の研究開発費に当たる新規プロジェクトや新人のレコード制作に多くの予算を使える。

僕は細野晴臣をアルファのプロデューサーに迎え、海外でも大ヒットするようなレコードを作るためのプロジェクトを始めた。一作目はお蔵入り、二作目は専門家には受けたが数千枚の売り上げにとどまった。ここまでで数千万円の費用がかかっている。

三作目が細野、坂本龍一、高橋幸宏のYMOで、世界中で売れた。その利益で細野専用の「LDKスタジオ」をつくり、さらに細野と幸宏が「YENレーベル」をアルファ内に立ち上げ、より先端的な音楽を創造していく。

レコード会社は音楽文化を担う責任を負うと僕は考える。大きな利益を期待できなくても文化的な意義のある作品は出すべきなのだ。例えばシュバイツアー博士が弾いたバッハのオルガン曲を今も聴けるのは信念を貫いたレコード業界の先達のおかげだ。その志を継ごうと考えたのだ。

アルファレコードは一九七七年十一月に船出した。第一弾は渡辺香津美のアルバム『マーメイド・ブールヴァード』(一九七八年二月)、シングル第一弾はサーカスの「Mr.サマータイム」(一九七八年三月)。最初からヒットに恵まれた。以後もカシオペア、大村憲司、深町純&ニューヨーク・オールスターズなど「フュージョン」と呼ばれる音楽に力を入れた。

僕は並行してA&Mとの提携を目指していた。バート・バカラックやカーペンターズ、クインシー・ジョーンズ、ポリスなどを抱える大手だ。日本でA&Mの販売権を持つのはキングレコードだが、一九七八年秋に契約更新となるため水面下で各社が狙っていた。

僕は親友の弁護士エイブ・ソマーを通じてA&Mの共同会長ハーブ・アルパート、ジェリー・モスとも親しくなっていた。もちろんビジネスはビジネスだ。ジェリーと幹部を日本に招いてスタジオAでプレゼンテーションをした。

A&Mの売り上げを倍増する構想を語り、最低保証金も二倍払うと約束した。細野の歌う「チャタヌガ・チュー・チュー」を流すとジェリーたちが面白がって聴いている。僕は

「この細野がアルファに入るんだ」とアピールした。

アルファは一九七八年九月、Ａ＆Ｍと契約した。三十三歳の僕が率いる小さな会社だから、日本の業界人は驚いたようだ。Ａ＆Ｍはアルパートとモスが自宅ガレージで録音した曲のヒットから始まった。アルファも僕が仲間と立ち上げた。ファミリービジネス的な企業文化を持つ会社同士、通じる部分があったと思う。

僕の希望で双務的な契約にした。アルファはＡ＆Ｍのレコードを日本で売り、Ａ＆Ｍはアルファのレコードを米国と世界で売るという約束だ。

Ａ＆Ｍのロサンゼルス本社にアルファの社員を駐在させるという条件もつけ、毎週木曜のマーケティング会議に駐在員が出席するようになった。会議中、所属アーティストの音源を聴く時間もある。

そこで駐在員が流したのが間もなく日本国内でデビューするＹＭＯの音源だった。若手幹部が「これは面白い」と言い始め、ＹＭＯ応援団ともいえるシンパがＡ＆Ｍ社内に増えていった。

YMO

アルファの提携相手、A&Mレコードの本社はロサンゼルスの象徴ともいえるサンセット通りとラブレア通りの交差点付近にある。チャップリンが『独裁者』などを撮った映画スタジオをそのまま残した歴史的な建物だ。

奥には数々の名盤が録音されたスタジオがあり、その右側にある事務所の主はルー・アドラーだったが、一九七八年秋にはトミー・リピューマに代わっていた。ワーナーでジョージ・ベンソンら多くのジャズ系のヒット作を生んだ名プロデューサーだ。

トミーはA&Mに移ってニール・ラーセンらのフュージョン音楽を手がけていた。アルファレコードもフュージョン系の音楽を出している。

それで一九七八年十二月、ラーセンとアルファの音楽家が競演する「アルファ・フュージョン・フェスティバル'78」を新宿の紀伊國屋ホールで開くことになった。

アルファの出演者は渡辺香津美、大村憲司、吉田美奈子、深町純といった面々だ。僕はデビュー間もないYMO(細野晴臣、坂本龍一、高橋幸宏)も加えることにした。

来日してYMOを生で聴いたトミーは感激して「クニ、僕にやらせてくれ。この音を世界に広めよう」と言った。

YMOのシンパになっていたA&Mの若手たちは大喜びで、頼みもしないのに米国盤ジャケットのイラストをルー・ビーチに発注した。髪の毛が電線になった着物姿の女性を描いた「電線芸者」だ。

トミーを訪ねてきた「チューブス」というバンドのマネージャーがYMOをゲストで招きたいと持ちかけた。

その話は一九七九年八月に実現する。ロスのグリークシアターにYMOが登場すると米国の観客は熱狂した。最新のシンセサイザーを操り、そろいの服を着て黙々と演奏する姿は「ハイテク先進国」「東洋の神秘」のイメージと相まって強烈な印象を与えたようだ。

現場を任せた象ちゃんこと川添象郎が会場の音響や照明スタッフに「前座扱いではなく、チューブスと同等の完璧なステージにしてくれ」と根回しをしたのも大きかった。「トークは不要。演奏に徹すればいい」とYMOを送り出したのも象ちゃんだ。

このステージの映像はNHKニュースで取り上げられ、いきなり全国でレコードが売れ始めた。

米国ではA&Mの若手シンパの働きかけが功を奏してフロリダ州のラジオとディスコで火がつき、やがて全米に広がった。同じように欧州のラジオでも人気が爆発した。

パリ公演は現地ラジオ局が生中継し、司会が細野にフランス語で質問した。通訳はいない。細野はやけくそになって「てんぷらそばが食べたい」と日本語で答えた。ニューヨークのテレビでは、僕が「西洋の技術で日本の心を表現している」とYMOの音楽を説明した。和魂洋才である。

印象深いのはロンドンのハマースミス・オデオン公演だ。英国を代表する大会場が満員になり、本当にYMOは成功したのだなと実感した。

YMOの成功の陰には幸宏のファッションセンスもあった。トレードマークになった赤い服は彼のアイデアだ。古い日本の制服図鑑に載っていたスキー服を参考にしたそうだ。いい男だった。はにかんだ笑顔が今も目に浮かぶ。

YMOのレコードの印税計算書が分厚い束で送られてきた。英、仏、西独など欧州の主要マーケットのほか、イタリア、スペイン、北欧諸国、さらにインドや南米からの印税もある。世界をマーケットに成功するとはこういうことなのかと初めて実感した。

檻から出て自由に

一九八五年、僕はアルファレコードの社長を辞任した。全社員をスタジオAに集めて辞意を表明し、これまでの感謝を述べた。驚く社員もいれば覚悟していた社員もいた。

五年前の一九八〇年、僕はロサンゼルスに米国法人アルファ・アメリカを設立した。世界進出に本腰を入れたのだ。社長に選んだボブ・フィードはA&MからRCAレコードの社長に転じた堅実で温厚な人物だった。

アルファ・アメリカの第一弾として売り出す米国のビリー・ヴェラ&ザ・ビーターズや日本のフュージョンバンド「カシオペア」がロスのトルバドールで発売記念ライブを開いた。エルトン・ジョンが米国デビューした有名なライブハウスだ。

ビリーの曲はヒットチャートに登場したが、用意した資金はすぐに底をついた。米レコード市場は広大で、全米発売にかかるコストは予想をはるかに超えていた。追加資金の融資は断られてしまった。

僕は泣く泣く撤退した。数十億円の赤字が残った。米法人の赤字はアルファレコードの株を増資して減資することで処理された。僕は持ち株を失い、雇われ社長になった。

もう自由に仕事をするのは難しい。会長の梁瀬次郎さんに辞意を漏らすと「ライオンを草原に帰そう。檻から出て自由に暴れたらいい」と辞任を認めてくれた。

アルファ・アメリカから原盤を買い取ったライノ・レコードが一九八六年にビリーの「アット・ディス・モーメント」を再発売した。全米一位のヒットになったが後の祭りだった。

アルファ辞任後はRCAレコードを買収したBMGのコンサルタントや映画『タンポポ』(一九八五年、伊丹十三監督)の音楽監督を務めたりした。

一九八五年のプラザ合意以降、銀行は融資先を求めて血眼だった。大半は株や不動産の購入に融資されたが、お金は文化にも使うべきではないか。後世に残る優れた楽曲の著作権を集めるファンドをつくろう。僕はそう思い立った。

日本長期信用銀行が融資してくれることになり、音楽出版社NEM(ヌーベル・エディション・ムライ=村井の新出版社)をロスに設立した。長年の友人で音楽出版のベテラン、アイラ・ジャフィを社長に迎えて音楽著作権の買収を任せ、僕は会長に就いた。

B・B・キングの「ザ・スリル・イズ・ゴーン」をはじめ、少しずつ曲を買い足していった。フリートウッド・マックの「ドント・ストップ」がビル・クリントンの大統領選キャンペーンソングになるなど仕事は順調だった。

ところがバブル崩壊で融資が止まった。僕は「またかよ」と天を仰いだ。著作権の買収は計画の三分の一までしか進んでいない。会社を存続させるにはＮＥＭの人員整理をするしか道はなかった。僕は家族とロサンゼルスに引っ越してリストラを始めた。

運転資金や利払いのために自分の財産はすべて売り払った。二十年も日米欧を飛び回った疲れが出たのか、腰痛や胆石など様々な病に苦しんだ。肺にカビが生える奇病で右肺の三分の一を切除した。人生最悪の時期だった。

そんな折、波野君（二代目中村吉右衛門）が歌舞伎公演でロスを訪れた。一九九六年九月のことだ。旧友に会えてうれしかった。滞在中の一週間、毎日夕食を共にして互いの人生をしみじみと語り合った。

ウィルターン劇場で「平家女護島　俊寛」を見た。絶海の孤島に一人残ることを決意した僧俊寛の悲劇は吉右衛門の名演もあって僕の心を強く打った。我が身を俊寛に重ねていたのだった。

同窓会ライブ

一九九二年に渡米してロサンゼルスに住み、音楽出版社NEMを存続させるべく悪戦苦闘を続けた。一九九七年に日本長期信用銀行から提案があった。ディスカウントするから早く返済してくれという。米国の銀行から融資を受けてようやく長銀に返済できた。二〇〇〇年にはNEMを大手のBMGに売却し、売却益で経済的にも安定した。当時五十五歳。今後は作曲に専念しようと心に決めた。

その後、友人のジャーナリスト手嶋龍一さんが作ったNHKスペシャル『21世紀の潮流 カリブの囚われ人たち』(二〇〇四年)の音楽を担当した。グアンタナモ米軍基地の収容所の実態に迫り、米国に正義はあるのかと問いかける真摯なドキュメンタリーだ。

僕は番組のテーマとして合唱曲「キリエ・エレイソン」を書いた。平和を祈るラテン語の歌詞がついている。カナダの作編曲家ラリー・ニッケルに合唱の編曲を頼んだ。

ラリーは自身の『レクイエム・フォー・ピース』の第七楽章に「キリエ・エレイソン」を丸ごと取り入れた。この第七楽章が有名になり、米カーネギーホールをはじめ世界各地で演奏されている。先日、ウクライナの合唱団がこの曲を歌う映像をネットで見つけた。日付はロシアの侵攻の二年前。団員の無事を祈りたい。

七十歳を迎える年、ユーミンこと松任谷由実が「村井さんの古希祝いにコンサートをやりましょう」と言った。細野晴臣、高橋幸宏らアルファの面々が集まることになった。いわば同窓会ライブだ。

アルファミュージックライブと銘打って二〇一五年九月、二夜にわたって渋谷のオーチャードホールで公演した。

まずユーミンが現れて加橋かつみを紹介した。加橋はユーミンの最初の作品「愛は突然に…」と一九六九年にパリで録音した僕の曲「花の世界」を歌った。どちらもアルファ誕生のきっかけになった歌だ。僕は一気に四十五年前のパリへとタイムスリップしてしまった。

吉田美奈子の紹介で元赤い鳥の紙ふうせんが歌い、服部克久さんの紹介で雪村いづみさんが歌う。ユーミンは往時のようにキャラメル・ママをバックに「ひこうき雲」「中央フリーウェイ」を歌った。

さらに細野の紹介で小坂忠が現れて「ほうろう」を熱唱する。バックのドラムは幸宏だ。愛妻シーナを亡くしたばかりだったシーナ&ロケッツの鮎川誠が涙をこらえながらアルファの思い出を語り「ユー・メイ・ドリーム」を歌った姿は忘れられない。

僕もステージに上がった。坂本龍一の代わりにＹＭＯに入り、細野、幸宏と共演するという趣向だ。「ライディーン」をラテン調に編曲してピアノを弾いた。大村憲司の息子真司がギターを弾いた。

「翼をください」では真司、小坂の娘エイジア、林立夫の息子一樹の次世代バンドに僕がピアノで加わった。元赤い鳥の村上〝ポンタ〟秀一もドラムをたたき、紙ふうせんを中心に大合唱になった。

最後は僕が山上路夫さんと書き下ろした「音楽を信じる～ウィー・ビリーブ・イン・ミュージック」。小坂忠と娘エイジア親子が歌い、僕はピアノを弾いた。アンコールでは懐かしい「美しい星」を僕がピアノで弾き語りした。

構成、演出の松任谷正隆は大活躍だった。事前に出演者全員と面談してアルファの思い出を聞き、本番で語ってもらう。そんな彼の努力が感動を生んだ。音楽家の子供たちを登場させ、アルファの魂の継承を表現した演出も最高だった。

まさに奇跡のような二日間で、忘れられない思い出になった。

家族とともに

アルファミュージックライブから七年半。出演者の服部克久さん、村上〝ポンタ〟秀一、小坂忠、高橋幸宏、鮎川誠が逝ってしまった。訃報が届くたびに悲しみに暮れたが、それでも僕は音楽活動を続けてきた。特に作詞家山上路夫さんとの歌曲集作りはライフワークになっている。

二〇二三年には音楽劇『カリオストロ伯爵夫人』(脚本・演出倉田淳、美術宇野亜喜良)の作曲を手がけ、新宿の劇場で上演した。

二〇一七年十二月、作曲活動五十周年記念コンサートを渋谷のオーチャードホールで開いた。題して「LA・ミーツ・トーキョー」。ホルヘ・カランドレリ、クリスチャン・ジャコブら地元ロサンゼルスの音楽仲間と、吉田美奈子や小坂忠、川久保賜紀、海宝直人ら日本の音楽仲間たちが出演した。

米首都ワシントンの全米桜祭り協会の委嘱で二〇一八年にピアノ五重奏曲『サクラ・オン・ザ・ポトマック』を作曲した。今年も桜祭りの際にケネディ・センターで演奏される。

文筆の仕事も始めた。まず同人誌「月刊てりとりぃ」に七年間連載したエッセイをまとめて『村井邦彦のLA日記』として二〇一八年に上梓した。

パンデミックの時期はキャンティ創業者川添浩史さんに関する小説を二年間にわたってウェブで連載した。一九三〇年代にパリへ渡って写真家ロバート・キャパらと交流した川添さんの青春期を中心に描く歴史フィクション「モンパルナス1934〜キャンティ前史〜」で、ベテランの音楽記者と共同執筆した。

この小説は近く単行本として出版する。いずれ映画かドラマにしたいと考えるうちに頭の中で音楽が鳴り始め、早くも「モンパルナス1934」の「メインテーマ」と「愛のテーマ〜1月のカンヌ」は完成してしまった。

二〇二二年七月に池袋の東京芸術劇場で開いた作曲活動五十五周年記念コンサートでオーケストラ・アンサンブル金沢が「メインテーマ」を初演した。同公演では海外で長く活躍してきたチェロの岩崎洸さんが「翼をください」を弾いてくれた。感無量だった。「愛のテーマ」はピアニストの関孝弘さんが二〇二二年十二月、東京文化会館で初演した。

大事な家族の話を書くのが最後になってしまった。

僕は二度結婚している。最初の妻大橋一枝は活動的な女性でアルファの仕事を手伝ってくれた。作詞家として「海辺の避暑地に」などを残したが三年前に亡くなった。娘の晶子はヤマハで楽譜出版の仕事をしている。

どん底の時代もずっと僕を支えてくれた今の妻弥生（旧姓島崎）は、とても優しくて家庭的な女性だ。歌舞伎床山の鴨治虎尾（かもじとらお）は祖父に当たる。

長男の邦啓（くにひろ）は映画監督になった。子供の頃から絵が上手で中学以降は家族旅行のビデオ撮影も担当していたが、今やヒロ・ムライは全米の有名人だ。テレビシリーズ『アトランタ』でゴールデングローブ賞、ミュージックビデオ『ディス・イズ・アメリカ』でグラミー賞を受賞している。

ヒロの妹泰子はツイッター社のPR担当として活躍した。今はアイルランド人のゲイリー・クインと結婚してダブリンに住んでいる。二歳のアヤコ・ミア、三カ月のケンジ・リチャードという二人の孫がいる。僕はケンジを「アイリッシュ・サムライ」と呼んでいる。

三月四日で七十八歳になるが、僕にはまだまだやることが山ほどある。家族とともに頑張っていきたい。

II　パリの思い出

初めてのパリ

僕は一九六九年、初めてパリを訪れた。オルリー空港に朝早く到着し、凱旋門近くの小さなホテルで、夜勤明けで寝ぼけ眼のフロント係のお爺さんに「ボンジュール・ムッシュー、私は村井と申します」とフランス語で言ったらちゃんと通じて部屋に案内してもらえた。

暁星に通ってよかったなと思った。暁星で習ったフランス語は半分忘れかけていたが、結構役に立つと分かったからだ。子供の頃に学んだことは、体のどこかに染みついているのだろう。

二カ月ほどの滞在の間に少しずつフランス語を思い出してきた。といっても簡単な言葉で、一、二、三のような数字、タクシーに乗って右、左、真っすぐ、止まれ。レストランに行って、水、魚、肉、コーヒー、勘定。それらに英語の「プリーズ」に当たる「シル・ヴ・プレ」をくっつければ一応の扱いはしてもらえた。

片言でもなんとか言葉を話せたおかげで、初めてのパリはとても楽しい滞在になった。

フランスの食べ物も好きになった。若くてお金もなかったから、星がいくつも付いたレストランの高級な料理とは縁がなく、カフェで皆が食べているような普通の食べ物、例えば二つに切ったゆで卵にマヨネーズをのせたものとか、オリーブオイルに漬けたイワシの缶詰などを食べていたのだが、なかなかおいしかった。

イワシの缶詰が出てきたのはサンジェルマン・デ・プレのブラッスリー・リップだった。ウエイターが客の目の前で缶を開け、カパッと皿にのせるだけだ。それを「料理」と呼ぶのかはともかく、日本では見たことがなかったのでびっくりした。

米国の作家アーネスト・ヘミングウェイ（一八九九〜一九六一年）が若い頃のパリ滞在中の思い出を晩年につづった『移動祝祭日』（生前未発表、一九六四年刊行）にブラッスリー・リップで食事をした回想が出てくる。一九二〇年代初めごろの話だ。

貧乏暮らしをしていたヘミングウェイは久しぶりに原稿料が入ったので、ちょっと奮発してブラッスリー・リップに行き、ジャガイモのオリーブオイル漬けと一リットル入るビールの大ジョッキを注文する。ジャガイモに黒コショウをかけ、パンをオリーブオイルに浸して食べるのだが、ヘミングウェイの文章を読みながら「おいしそうだなあ」と思った。

現在のブラッスリー・リップの前菜メニューにもイワシの缶詰、ニシンとジャガイモのオリーブオイル漬けが載っている。イワシの方は「二〇一九年産」と記されている。ワインと同じように缶詰がつくられた年、いわゆるヴィンテージが大事なのだろう。ジャガイモのオリーブオイル漬けは今のメニューでは「ニシンとジャガイモのオリーブオイル漬け」と書かれているのだが、このニシンも缶詰だ。ヘミングウェイの時代にはニシンはついていなかったのだろうか。

ちなみに両方とも日本円に換算して三千円弱。イワシの缶詰が三千円とはなんというインフレ、なんという円安なのだろうか。

大正時代に近代詩の地平を切り開いた詩人、萩原朔太郎は「ふらんすへ行きたしと思へども／ふらんすはあまりに遠し／せめては新しき背広をきて／きままなる旅にいでてみん」（「旅上」）とうたった。フランスは再び朔太郎の時代のように遠い国になってしまったと感じた。

ともかく一九六九年に初めてパリを訪れた僕は、簡単で普通の食べ物に魅了された。その中でも、ただのバゲットを二つ割りにしてバターを塗っただけのサンドイッチは最高だった。

慶應義塾大学の一年上の先輩で、人気カーレーサーだった福澤幸雄（一九四三～六九年）の妹エミがパリに留学していたので訪ねていった。彼女の下宿先はサンジェルマンにある古いアパートの窓のない地下室だった。パリの古いアパートの多くには「カーヴ」と呼ばれるワインを貯蔵する地下室がある。エミの下宿はそのカーヴを改造した部屋だった。

四方の壁はむき出しの石で、ろうそくを灯せば一挙に三百年前にタイムスリップした気分になる。なんだか歴史が感じられて、こんな部屋に住んでいたら自分も歴史の一部になってしまうのではないかと感じた。ここで思索にふければ哲学者の気分になれるかもしれないし、音楽を書けばもう少し高級な音楽ができるのではないかとも思った。僕もパリに住みたくなった。

エミが案内してくれたレストランは学生向けでも上等な部類の定食屋で、その夜のメニューは前菜がキュウリのサラダ、主菜はステーキだった。サラダは大きめのキュウリをスライスしてドレッシングをかけただけのもので「キュウリだけかよ」と思ったが、さっぱりした味でおいしかった。ステーキも薄めだったけれど、やはりおいしかった。あれから五十年余りたったのに、どうしてこんなことを覚えているのか不思議な気がする。

中学生の頃から、いつかはパリに行くことになるだろうと思っていた。ジャズが好きになり、いろいろなレコードを聴いた。映画も好きだったのでよく見にいった。ルイ・マル監督の『死刑台のエレベーター』(一九五八年)で主演の女優、ジャンヌ・モローが夜のシャンゼリゼを歩くシーンにマイルス・デイヴィス(一九二六~九一年)が即興で音楽をつけている。実際に現地を訪れる前に僕が抱いていたパリのイメージは、まさにこのシャンゼリゼの映像そのものだった。

MJQ(モダン・ジャズ・カルテット)も好きになった。リーダーのジョン・ルイス(一九二〇~二〇〇一年)はバッハのようなクラシック音楽とジャズをうまく組み合わせていて、洗練された洒落た音楽だった。ロジェ・ヴァディム監督（一九二八〜二〇〇〇年）はジャズが大好きで、自分の映画『大運河』（一九五七年）の音楽にＭＪＱを使った。同監督の『危険な関係』（一九五九年）のテーマ曲『危険な関係のブルース』はアート・ブレーキー＆ジャズ・メッセンジャーズが演奏している。

そのほかアカペラ・ボーカル・グループのスウィングル・シンガーズがジャズのビートに乗せてバッハを演奏した作品や、ミシェル・ルグラン（一九三二〜二〇一九年）がマイルス・デイヴィスやジョン・コルトレーンらとニューヨークで録音した『ルグラン・ジャズ』（一九五八年）などを聴いていた。ミシェルの姉クリスチャンヌ・ルグラン（一九三〇〜二〇一一年）はスウィングル・シンガーズのメンバーの一人だった。僕とパリを最初に結びつけたのはジャズとヌーベルバーグ映画だったといえる。

やがて一九六九年のパリ初訪問が機縁となって音楽出版社（アルファミュージック）やレコード会社（アルファレコード）を経営するようになり、青春時代に好きだった音楽や映画を作った当の本人たちと次から次へと出会うことになった。

ミシェル・ルグランには一九七〇年に彼が来日した際、僕の仕事部屋を作曲のために使ってもらった。以来、とても親しくなり、彼が亡くなるまで五十年近くの間、常に連絡を取り合い、音楽談議を続けた。

マイルス・デイヴィスの晩年のレコーディングに立ち会った経験もある。アルバム

『TUTU』(一九八六年)だったか『アマンドラ』(一九八九年)だったか記憶は定かではないが、マイルスのアルバムをプロデュースしていた友人のトミー・リピューマ(一九三六〜二〇一七年)がニューヨークの小さなスタジオに招いてくれたのだった。

MJQが専属契約していたアトランティック・レコードの創業者アーメット・アーティガン(一九二三〜二〇〇六年)と知り合ったのも一九七〇年だった。僕らはとてもウマが合い、彼が亡くなるまで付き合いが続いた。アーメットは少年時代を過ごしたパリが大好きで、フランソワ・プルミエ通りの一等地にアパートを買い、一年のうち数カ月はパリで暮らしていた。僕は何度もそのアパートを訪れた。

ロジェ・ヴァディム監督とは会ったことがないのだが、ブリジット・バルドー、ジェーン・フォンダ(一九三七年〜)と結婚歴がある。正式に結婚はしなかったがカトリーヌ・ドヌーブ(一九四三年〜)との間にも男子をもうけている。

僕は一九八〇年代にドヌーブと飯倉片町のキャンティで食事をしたことがある。彼女は地味な服を着て演劇論を語ってくれた。僕が夢中になった映画『シェルブールの雨傘』(一九六四年、ジャック・ドゥミ監督、音楽はミシェル・ルグラン)に出演した二十歳過ぎの頃はヴァディム監督と内縁関係にあったのだが、ヴァディムがジェーン・フォンダと恋仲になったため、彼女は写真家のデイヴィッド・ベイリーと結婚した。結局、ベイリーとも別れて俳優のマルチェロ・マストロヤンニと結婚するのだが、再び離婚してしまった。

ベイリーの次の妻マリー・ヘルビンは、僕のゴルフ友達で歯科医だった加茂甫さんの従姉妹だった。加茂さんの患者には音楽家が多く、森山良子や吉田美奈子のほか、ベテランでは越路吹雪さんもそうだった。加茂さんは夜遅く、六本木の自宅で忙しい音楽家たちの治療をしていたのだ。

ジェーン・フォンダはヴァディム監督と別れて米国のニュースチャンネルCNNの創業者、テッド・ターナーと結婚した後、二〇一六年ごろまで僕の友人のレコードプロデューサー、リチャード・ペリー（一九四二年〜）と一緒に暮らしていたので、たびたび会うことになった。心も体も若々しく、いくつになっても活動家であることをやめない人で、話していてとても刺激を受けた。ヴァディム監督との間にできたパリに住む娘や孫とは常に連絡を取り合っていると話していた。昔のパリについてもっと一緒に話をしたかったが、彼女がリチャードと別れてから会う機会がなくなり、とても残念だ。

ともかく僕は一度行っただけで、パリの魅力にすっかり取りつかれてしまったのである。ヘミングウェイが『移動祝祭日』に書いた「もし幸運にも、若者の頃、パリで暮らすことができたなら、その後の人生をどこですごそうとも、パリはついてくる。パリは移動祝祭日だからだ」（新潮文庫、高見浩訳）の言葉通り、僕の人生にはどこに住もうとも一生パリがついて回ることになったのだった。

「マロニエの花が言った」のパリ

実際にパリを訪れてみて、僕の好奇心はますますあおられた。この街に住む人たちはどんな価値観を持っているのか。どんな日常生活を送っているのか。どんな歴史があるのか……。もっと知りたくなっていろいろな本を読みあさったのだが、その中に詩人で作家の清岡卓行さん（一九二二〜二〇〇六年）の著書『マロニエの花が言った』（一九九九年、新潮社）がある。日本経済新聞の書評欄で偶然見つけた本で、上下二巻で計千二百ページに迫る大作だ。

清岡さんはこの本で一九一三年に渡仏した藤田嗣治（一八八六〜一九六八年）と一九二五年に藤田を追ってパリに行った岡鹿之助（一八九八〜一九七八年）という二人の画家を中心に、世界の芸術の中心だった二十世紀前半のパリを克明に描いている。

一九二〇年代には第一次世界大戦の戦勝国となった日本から多くの学者や芸術家、文学者がパリを訪れる。同書には哲学者の九鬼周造、詩人で作家の島崎藤村、詩人の金子光晴・三千代夫妻、作家の岡本かの子と息子で美術家の岡本太郎、洋画家の佐伯祐三、歌人の与謝野寛（鉄幹）・晶子夫妻、作家の横光利一らが登場する。関東大震災直後に憲兵隊大尉の甘粕正彦らに虐殺されたアナキスト、大杉栄（一八八五〜一九二三年）のパリの刑務所暮らしのことまで書かれている。

清岡さんは熱心な音楽愛好家だったから、モーリス・ラヴェルやエリック・サティの人柄に関する記述もある。ラヴェルはまじめな人でお酒は飲まないのだが、大勢でナイトクラブに出かけるのが好きだった。ナイトクラブで聴くジャズも好きで、お気に入りの曲は「ダイナ」だったという。

その時代のパリでは、セルゲイ・ディアギレフ（一八七二〜一九二九年）率いるロシア・バレエ団（バレエ・リュス）がストラヴィンスキーやラヴェル、サティらに新作を委嘱した。この本によれば岡鹿之助はそれらをすべて聴いていたようで、実にうらやましい。

清岡さんは自分が若い頃から好きだった音楽にも言及している。一つはベルギー出身の作曲家セザール・フランク（一八二二〜一八九〇年）の「ヴァイオリンとピアノのためのソナタ」、もう一つは米国出身のジャズ歌手ジョセフィン・ベーカー（一九〇六〜七五年）が歌った「二つの愛」だ。自分には二つの愛がある。自分の生まれた国への愛とパリへの愛である……といった内容の歌詞だ。

清岡さんは一九二二年に日本の租借地だった大連（中国の遼東半島）で生まれ育った。中学の頃からフランスの文学や音楽、絵画に憧れ、一高、東大でフランス文学を学んだ。

長年にわたってフランスの文学や文化を研究し続けた清岡さんが大好きなパリを訪れたのは六十代半ばを過ぎた頃だったという。

第二次世界大戦もあったから、パリに行くのは簡単ではなかっただろうが、それにしてもずいぶん年を重ねてからのパリ訪問だった。清岡さんは同書の序章で自身の半生を振り返り、パリに行くのが遅くなった理由を語っているのだが、その記述は僕の胸を打った。

学生結婚をした清岡さんは、生活のために在学中から会社勤めを始めた。大学で教えている間にサバティカル（長期休暇）でフランスに行く機会があったのだが、ちょうどその頃に妻が亡くなり、子供を育てるため外国に行けなかった……。そんな過去が明かされる。

清岡さんがポンピドゥー・センター（国立芸術文化センター）で講義を頼まれ、初めてパリにやってきて泊まったホテルはモンテーニュ通りにある最高級で粋なホテル「プラザ・アテネ」だった。講義に招いた国際文化交流の団体がこのホテルを選んだという。清岡さんは仕事の前にパリを見たいと思い、自費で仕事の五日前からこのプラザ・アテネに滞在することにした。自分には高級すぎるホテルだとは思ったが、これが最初で最後のパリ滞在になるだろうと考え、ぜいたくをすることにした。

季節は五月の初めで、モンテーニュ通りに街路樹として植えられているマロニエの白い花が咲き、プラザ・アテネの窓についている布製の赤い日よけが白と赤の美しい対照をつくっていた。

僕もプラザ・アテネに何度か泊まったことがある。隣には一九一三年にストラヴィンスキーの『春の祭典』がバレエ・リュスによって初演されたシャンゼリゼ劇場、向かいにはクリスチャン・ディオールの本店がある。その右隣のカフェには近所に事務所を持つ俳優のアラン・ドロンが年中いた。ホテル内のル・ルレ・プラザはアール・デコの装飾でなんとも優雅な軽食堂だった。

フランソワーズ・サガンの小説にこのル・ルレ・プラザでダイキリを飲み、ハンバーガーを食べる話が出てくる。サガン自身もよく行っていたのだろう。ホテル滞在者のみならず、近隣に住む人々も来るし、フランス人だけではなくスイスをはじめヨーロッパ中の富裕層が昼食に訪れる店で、そういう人たちの持つたたずまいが独特の雰囲気をつくっていた。

最近、そのプラザ・アテネのはす向かいのアパートに女優のマレーネ・ディートリヒ（一九〇一～九二年）が住んでいたと古い友人のマーク新田が教えてくれた。マークの兄のジョージ新田は、僕が大学在学中に赤坂で「ドレミ商会」というレコード店を始めた時の仕事仲間だった。マークはジュネーブのインターナショナルスクールで学んだのだが、ディートリヒの孫と同級生で、その孫は老いた祖母を定期的に見舞っていたという。

晩年、足を骨折して引退を余儀なくされたディートリヒは起きたらすぐにシャンパンを飲み、部屋着のガウンを羽織ったまま一日を過ごすような暮らしぶりだったという。友人たちに手紙を書き、電話で話すのが唯一の楽しみになっていた。ハリウッドやヨーロッパをはじめ世界中に友達がいるから、国際電話の料金が大変な金額になったらしい。電話の相手にはロナルド・レーガン米大統領、マーガレット・サッチャー英首相、フランソワ・ミッテラン仏大統領らがいて、折々の政治問題を語り合っていたそうだ。

ディートリヒは一九三〇年代に生まれ育ったベルリンを離れ、ハリウッドに渡って活躍した。政権を握ったヒトラーはディートリヒをドイツに呼び戻そうとしたが、彼女はヒトラーを嫌って帰らなかった。ハリウッドではフランスから逃げてきた俳優のジャン・ギャバン（一九〇四〜七六年）と恋仲になる。

米国籍を得たディートリヒは第二次世界大戦中、連合国側に立ってヨーロッパや北アフリカの米兵やフランス兵を慰問して回った。彼女が歌った有名な「リリー・マルレーン」（故郷に残してきた恋人を思う兵士の気持ちを歌ったドイツのポピュラーソング）は前線で戦うドイツ兵に涙を流させ、厭戦気分を増幅させた。そうした功績をたたえ、米国から大統領自由勲章（米国市民の最高の栄誉）、フランスからはレジオンドヌール勲章が贈られた。

ある日、孫が見舞いに行くと、すでにディートリヒは亡くなり、消防団員がビニール袋に遺体を入れてアパートから運び出そうとしているところだった。孫は華麗な生涯を送った祖母にビニール袋はかわいそうだと思い、部屋にあったフランス国旗トリコロール（青・白・赤の三色旗）を上にかけた。後にマドレーヌ寺院で行われた葬儀の際も同じ三色旗が棺にかけられることになり、その上にはミッテラン大統領から贈られた白い花と二つの勲章が置かれていたそうだ。

ディートリヒは一九九二年年五月六日に九十歳で亡くなっている。清岡さんがパリに着いたのは一九八七年五月八日だから、ディートリヒはまだ存命だった。マロニエの白い花が咲いているモンテーニュ通りをはさんだ場所で、二人はそれぞれ人生の感慨に浸っていたのである。

ショーが「はじめてパリを見た日」

米国のアーウィン・ショー（一九一三〜八四年）は僕らの世代に強烈な印象を与えた作家、劇作家だった。小説の代表作『若き獅子たち』（一九四八年）はドイツがパリを占領していた頃のドイツ人やフランス人、アメリカ人の若者たちの話で、反ナチズムの精神で書かれている。一九五八年にマーロン・ブランド、モンゴメリー・クリフト、ディーン・マーティンの主演で映画化された。

ショーは一九五〇年代の赤狩りの時代に米国を追われてパリに行き、一九七七年に風刺画家ロナルド・サールの挿絵をつけた『パリ・スケッチブック』（日本語版は講談社文庫、中西秀男訳）を上梓している。ヘミングウェイの『移動祝祭日』と同じように、若き日のパリの思い出を晩年に書いた作品で、その中に「はじめてパリを見た日」という題の短い文章が収録されている。

一九四四年八月二十五日はパリにとって特別な日になった。四年半にわたるドイツ軍の占領からようやく解放されたのだ。まさにその日、アーウィン・ショーは連合軍の通信隊写真班の一員として生まれて初めてパリの地を踏んでいる。

彼がカメラマン二人を伴ってジープでパリ市街に入ると、市民が熱烈に歓迎してくれた。贈り物の花やワインが次々とジープに投げ込まれ、車をとめると女性たちのキス攻めに遭うのだ。

セーヌ左岸から右岸に渡り、ルーヴル美術館の構内を横切ってリヴォリ通りに出ると、ドイツの残兵とフランス軍の戦車がまだ戦闘を続けていた。負傷者も出ている。ショーは戦いの現場を見晴らしの良い場所から撮影するため、カメラマンと一緒に建物の屋上に上ろうとする。

その建物は急ごしらえの病院になっていて、負傷者が床一面に寝かされ、医師や看護婦が忙しく働いていた。ショーは居合わせた国防軍の腕章をつけたフランス人の若者に「屋上まで連れて行ってくれ」と頼んだ。外では機銃の炸裂する音がとどろいている。

そんな状況の中で若者は「コメディ・フランセーズなんだ、ここは。わかっちゃいないな、君らは。フランス演劇の古典を上演するところだ。世界一の大劇場だぞ」と言って、実は自分も俳優でこの舞台に出たこともあると打ち明けた。ショーが「コメディ・フランセーズなら知っている。ぼくも劇作家なんだ」と答えると、若者は「こりゃうれしい」と喜び、二人は一気に親しくなるのだ。

ショーとカメラマンがリヴォリ通りに戻ると銃声がやんでいた。パリの市民がたくさん集まってきて祝い合った。この通りにはドイツ軍の司令部になっていたホテル「ル・ムーリス」があるから、みんなどうなったか見にきたのだろう。ショーはごった返すシャンゼリゼ通りを通って凱旋門の方に向かい、スクリーブ通りにあるホテルに宿泊する。お湯は出なかったが、ゆっくり水浴をしながら、下の往来から聞こえてくる歓声に耳を傾ける。こうして長い一日が幕を下ろした。

この後、ショーはニューヨークに帰るのだが、一九五〇年代にパリへ戻ってきて二十年ほど生活している。つまり僕が初めてパリを訪れた一九六九年当時、ショーはまだパリにいたのである。ショーのパリの思い出と僕のパリの思い出はほんの少し重なっている……。そう考えるとうれしくなってくる。

一九六八年に起きた五月危機（五月革命）でフランスが経済破たんしそうになった時、一九四四年八月のフランス解放の英雄となったシャルル・ドゴール大統領が再び急場を救った。ところがドゴールが国民に信を問う意味で提案した憲法改正案が翌年の国民投票で否決されると、彼はすぐさま辞任を表明する。政界引退後は田舎の村で質素な生活を送り、翌一九七〇年に亡くなった。

ドゴールが国民投票で敗れた一九六九年に僕はパリにいた。あの頃が時代の大きな変わり目だったような気がする。その変わり目にショーはパリを去った。理由の一つには、かつて使いでのあったドルの相場が急落して生活が厳しくなったこともあるようだ。反対に日本経済は急成長を遂げ、円も強くなった。昔は洋行なんて相当な金持ちにしかできなかったのだが、僕のような日本の若者でもパリに行けるようになったのである。

バークレイ・レコードの仲間たち

友人の川添象郎（一九四一年～）がバークレイ・レコードのプロデューサーになり、グループサウンズ（GS）の人気バンド「タイガース」から脱退してソロ歌手に転じた加橋かつみ（一九四八年～）のアルバム『パリ1969』をパリでレコーディングするという。これは面白そうだと思って、僕もパリに飛んで何曲か作曲した。

僕が一九六九年にパリを訪れた直接のきっかけは、この加橋のレコーディングだった。編曲のジャン・クロード・プティと打ち合わせをしたり、スタジオで録音に立ち会ったり……。日本でやっていたのと同じことをフランスでもやったわけだ。

バークレイとの付き合いが僕の人生を変えることになった。傘下の音楽出版社から海外の曲を日本で売る権利を取得し、反対に日本の曲を海外に売るという音楽出版事業に乗り出すことになったのである。

同じ職業をやっている者同士なら、たとえ相手が外国人でも話が通じやすい。音楽という共通の話題、それにまつわる苦労、その国特有の問題点などを話し合っているうちに友達関係になってしまうのだ。スポーツや学問の世界でも同じだろう。自分が最も興味を持っている分野の話をしていると共感することが多く、自然に親しくなれる。

バークレイ・レコードや音楽出版社の人たちとは一九六九年以降も親密な付き合いをした。いろいろな思い出があるのに記憶がつながらず、断片的になってしまうのがもどかしい。

まずは一つの断片。名前を失念してしまったのだが、制作担当の人がポルシェでホテルまで迎えにきてくれて、ヌイイにあるバークレイの本社に行ったことがある。そのポルシェ氏は温和な人なのだが、細い道から凱旋門の向こうの広い道に出た途端、猛スピードで爆走したのでびっくりした。ほとんど恐怖さえ覚えたが、ものの五分ほどでバークレイに到着したから助かった。

バークレイ出版の若い人が週末に田舎に行くから一緒に来ないかと誘ってくれた。パリの住人で経済的に少し余裕のある人は田舎に別荘を持っていて、週末にはパリを脱出する。バークレイではみんなが田舎の話をしているから興味があった。

その若い人はMGの巨大なスポーツカーでホテルに迎えにきた。なんだか嫌な予感がするぞと思っていたら、案の定このMG氏も爆走した。往路は道が混んでいたからそれほどでもなかったが、深夜遅くパリに帰る際はル・マン二十四時間レースさながらで本当に怖かった。

どうやらフランス人の多くはアクセルペダルを床まで踏みつけないと気が済まないらしい。オートルートと呼ばれる高速道路に入ると、小さなエンジンの車でもうなりを上げながら最高速度で疾走する。もっと速い車に乗る人は、前を行くその小さな車にチカチカとパッシングランプを当て、蹴散らすように追い越していく。もちろん制限速度はあるのだが、誰も気にしていないのだった。

フランスという国全体で自動車レースをやっているような時代が長く続いたのだが、二〇〇二年に当時のシラク大統領が状況を変えた。大統領は次のように述べたらしい。「フランスの自動車事故による死者数がヨーロッパ最多になった。まったく不名誉なことで、我らの栄光あるフランスであってはならないことである。今後、制限速度を超えて走る者は誰であろうと容赦なく罰を与えられるであろう」。以来、誰もが少しゆっくり走るようになった。なにしろフランスの栄光がかかっているのだから。

ところでMGの若い人に連れられて田舎でなにをしてきたかというと、木を切って根を掘り起こすという肉体労働を少しだけやって、後は村で売っているサラミのようなソーセージを食べながら赤ワインを飲んでいた。ちょっとした作業をするのが、彼流の洒落た週末の過ごし方のようだった。

その後も何人かがそれぞれの田舎に連れていってくれたのだが、なにもしない人もいれば、朝から晩まで古いレコードを聴き続ける人もいるなど各人各様で、ともかく週末にはパリから脱出するのが肝心ということらしい。

バークレイで働いていた昔の友達で、今も時々会っているのがエディ・バークレイ(バークレイの設立者、一九二一～二〇〇五年)の側近で国際部長を務めていたシリル・ブリヤンだ。連絡が途切れた時期が二十年以上あったのだが、十年ほど前に再びつながった。シリルはバークレイ・レコードの重要なアーティスト、シャルル・アズナヴールを米国で成功させるために奔走し、病気でタヒチに隠棲していたジャック・ブレルに印税を現金で届けるなど、エディの直属の部下として世界中を飛び回っていた。なぜ現金をタヒチまで運んだのかは微妙な事情がありそうだから理由は聞かなかった。

僕がプロデュースしてアルファ・レーベルから出した『須磨の嵐』(一九七〇年)という前衛邦楽のレコードをバークレイから発売するように取り計らってくれたのもシリルだった。

ある日、東京に借りていたアパートに在日フランス大使館から電話があった。電話をくれた日本人女性が「普段はこんなことはしないのですが」と前置きして「ブリヤンが東京に来ていて、どうしても村井さんに会いたいと言っています。よろしければ連絡してあげてくださいませんか。携帯の番号は……」と教えてくれた。

すぐに電話したら、懐かしい声が聞こえてきた。シリルはタヒチ島出身だから英語もフランス語も独特のタヒチなまりがある。「食事に招待したい。丸ビルの最上階にある高級中

国料理店を予約しておくよ。東京でいちばんおいしくて値段の高い店はどこかと大使館に
尋ねたらこの店を推薦してくれたんだ」と言った。つまり僕に東京で最もおいしくて高い
料理をごちそうしようと思ったようだ。
それで妻と連れだって丸ビルの最上階までエレベーターで行き、その店に向かっていた
ら、柱の陰に隠れてエスカレーターの下の様子をうかがっているシリルの姿を見つけた。
実はワンフロア下から最上階に行けるエスカレーターもあるのだ。シリルは僕らが最上階
の一つ下でエレベーターを降り、そのエスカレーターを上ってくると信じ込んでいたよう
で、タイミングを計って「ワッ」と飛び出して驚かそうと思っていたらしい。それで僕の
方が背後から「ワッ」とやったら、驚いてひっくり返りそうになっていた。

食事の間、懐かしい話がずっと続いた。やはりエディ・バークレイの思い出話が中心に
なった。シリルはエディの自宅のアパートで開かれる食事会や、南仏カンヌで毎年開かれ
るMIDEM（国際音楽産業見本市）の際にエディが別途カンヌで催すパーティーの幹事
役もやっていた。僕は食事会にもパーティーにも何度か呼ばれたことがあるからその雰囲
気が分かるのだが、エディ主催の会はいつも笑いに満ちていた。

シリルはその食事会にジスカールデスタン大統領（一九二六〜二〇二〇年、大統領在位
は七四〜八一年）を招いた時の話をしてくれた。エディはどの客とどの客を組み合わせた
ら楽しい食事会になるか、いつも気を配っていた。その組み合わせの妙で食事会が盛り上

いう。

がるのである。大統領が訪れた際は、他の客に釣りの名人として知られる漁師を入れたと

ジスカールデスタンはその漁師と釣りの話で盛り上がって上機嫌になり、そのテーブルの全員を大統領官邸エリゼ宮の食事会に招くと言った。エリゼ宮はルイ十五世の愛人ポンパドゥール侯爵夫人が住んだ宮殿だ。シリルもエリゼ宮の食事会を楽しんだそうだ。

「スワンの恋」と「パリよ、永遠に」

『ブリキの太鼓』（一九七九年）などで知られる映画監督のフォルカー・シュレンドルフは一九三九年、ドイツのヴィースバーデンで生まれた。一九五六年に家族とフランスに移住してアンリ四世校という高校に通い、哲学の論文で賞を獲り、高等映画学院に進んでいる。やがてルイ・マルをはじめ何人かのフランス映画監督の助監督を務め、ヴィム・ヴェンダース（一九四五年〜）らと並んで「ニュー・ジャーマン・シネマ」の巨匠と呼ばれるようになった。シュレンドルフの経歴を調べて驚いた。恐ろしいほど多作で、映画を作り続ける持久力、体力、脳力は並外れている。

一般的にフランス人はエリートが好きだ。自分の国の栄光のために、リーダーは厳しく優れた教育を受けた人たちであってほしいと願っている。そのためエコール・ノルマル・シュペリウール（高等師範学校）やエコール・ポリテクニーク（理工科学校）といった「グランゼコール」と呼ばれるエリート校の卒業生が国の様々な部門の中枢に座ることになる。

シュレンドルフが通ったアンリ四世校はグランゼコールに進学する生徒たちのための学校の一つで、カルチエ・ラタンのど真ん中にある。六世紀に建てられたパリの守護神サント・ジュヌヴィエーヴをまつる僧院の跡地に設立され、周りにはエコール・ノルマル・シュペリウールや元のエコール・ポリテクニーク（現在はパリ南西郊外のパレゾーに移転）、ソルボンヌ、市民のための大学であるコレージュ・ド・フランスなど大学が集中している。そんな環境で育ったシュレンドルフはフランスの教育が生んだ知的エリートの一人といえる。

シュレンドルフ監督の『スワンの恋』（一九八四年）はフランスの作家マルセル・プルースト（一八七一～一九二二年）が死の直前まで書き続けた長編小説『失われた時を求めて』の最初の部分、一九一三年に出版された『スワン家のほうへ』を映画化した作品だ。プルーストという十九世紀末のフランス文化の爛熟が生んだ天才の病的なまでに繊細な文学を映画化するのは極めて困難な仕事で、作家の遺族や関係者はずっと映画化を拒み続けてきた。

映画化の権利を得た女性映画プロデューサーのニコール・ステファーヌがイタリアのルキノ・ヴィスコンティ監督（一九〇六～七六年）に話を持ち掛け、脚本まで完成した……というニュースが伝わってきた。だがヴィスコンティは撮影に入る前に亡くなってしまう。それで僕はどうなるのかと気になっていたのだが、ずいぶん年月がたってから「シュレンドルフが撮る」というニュースを耳にした。そんなわけで完成前から注目していたのだが、素晴らしい映画になった。

なぜこんなに素晴らしいのか。シュレンドルフの経歴を調べてなるほどと納得した。彼はドイツ人ではあるが、フランス的な教養を身につけ、フランス人以上にフランスを熟知している人なのだ。絵画や音楽に関しても深い知識を持っているし、長年の経験を通して映画とはどういうものかよく分かっている。それらがこの映画を芸術的な成功に導いたと僕は思っている。

具体的な成功の要因をいくつか挙げてみよう。一つはシュレンドルフの古典演劇に関する知識の深さだ。ピエール・コルネイユ（一六〇六～八四年）やモリエール（一六二二～七三年）らによる古典演劇は、ある一定の場所で、一日の間に起きたコンフリクト（対立、葛藤）を解決するのが基本形になっている。この手法は単純だが、観客に与えるインパクトは非常に強い。

『スワンの恋』はオデットという名の高級娼婦に恋い焦がれ、自らの名声を犠牲にして彼女と結婚したシャルル・スワンの恋愛の一部始終を二十四時間の時の流れの中で描いている。時代は一八九〇年代、場所はパリのオペラ座からバガテルに至るセーヌ右岸の中心部だ。原作には付け足しに前後の話がついているのだが、その部分も無駄にせず、主演のジェレミー・アイアンズとアラン・ドロンにプルースト自身の言葉を語らせている。

シュレンドルフは現代音楽の作曲家ハンス・ヴェルナー・ヘンツェ（一九二六～二〇一二年）を起用し、調性を失いつつあった十九世紀末から二十世紀初頭の音楽を念頭に新たな曲を書かせた。その音楽を聴くとスワンの理性は崩壊し、めまいを感じる。恋愛感情による理性の喪失を音楽で表現しているのである。

主人公のスワンはフランスに帰化したユダヤ人の子孫で、十分な財産を持ち、それ以上の財産を必要としていない。彼の情熱は絵画、音楽、文学などの芸術にあった。

趣味の良い貴族たちに愛されて人気があり、彼もそうした社交界の生活を楽しんでいた。しかしスワンの後見人ゲルマント公爵夫妻は高級娼婦との結婚を認めず、スワンとは会うが、妻や子供との面会は拒絶する。

時は過ぎて十数年後の二十世紀初頭、医師に余命数カ月と宣告されたスワンは公爵夫妻に別れを告げにいく。ラストシーンでスワン（ジェレミー・アイアンズ）と友人のシャルリュス男爵（アラン・ドロン）が馬車と自動車の行き交う道を歩いてチュイルリー庭園に行く。二人とも年を取っている。ベンチに腰かけて人生について語り合うのだが、その会話はプルーストの世界そのものだ。

この映画のレーザーディスクをフランソワーズ・サガンの翻訳で知られる作家、朝吹登水子さん（一九一七～二〇〇五年）にお貸ししたことがある。登水子さんは作家の中村真一郎さん（一九一八～九七年）と一緒に見たそうだ。中村さんは『源氏物語』とプルーストを研究したフランス文学者でもある。後で「いかがでしたか」と尋ねると、登水子さんは次のように話してくれた。

なるほど、映像にするとこういうことになるのかと中村さんはとても感心していた。私は音楽会のシーンで首を振りながら楽しんで聴いている音楽愛好家の婦人が面白くて好きだった……。

シュレンドルフは二〇一四年公開の映画『パリよ、永遠に』も監督している。七十代半ばの作品だ。一九四四年夏、ドイツ占領下のパリに連合軍が迫ってきた。敗色濃厚と悟ったヒトラーは撤退の前にパリ市街を破壊し尽くせと命令する。そのために送り込まれたのがコルティッツ将軍だ。これは歴史的な事実で、過去に幾度となく映画やドキュメンタリー番組などで取り上げられているが、この『パリよ、永遠に』はその中でも群を抜いて優れている。

同じ題材で過去に作られた映画の中では『パリは燃えているか』(一九六六年、ルネ・クレマン監督)が有名だ。米仏共同で作られたこの映画は、米軍のパットン将軍をカーク・ダグラス、ドゴール将軍の幕僚デルマをアラン・ドロンが演じるなど、まさに当時のオールスターキャストだ。パリを破壊しないようにコルティッツ将軍を説得する中立国スウェーデンの総領事はオーソン・ウェルズが演じている。

シュレンドルフの『パリよ、永遠に』は戯曲を映画化した作品だ。この映画も古典劇を踏襲し、場所と時間を特定している。場所はドイツ軍司令部のあるホテル「ル・ムーリス」のスイートルーム。コルティッツ将軍が寝泊まりし、事務所にもしていた部屋だ。時間は一九四四年八月二十四日の夜明けから二十五日のパリ解放までになっている。実によく練られた会話劇で、ディテールが詳細に描かれている。

一九六六年の『パリは燃えているか』も叙事詩としてそれなりに評価されていい作品だが、このシュレンドルフ版は内容が極めて濃密だ。同じ部屋で会話が延々と一時間半近く続くのだが、驚くべき事実が次々と語られ、どんどん引き込まれていく。実写の白黒映像や爆破を止めるため地下道を走るコルティッツ将軍の部下の動きなどが挿入され、効果的に編集されている。対話の最後に中立国スウェーデン総領事が将軍の家族を保護してスイスのローザンヌに亡命させることを交換条件に、パリの爆破をやめさせることに成功する。

僕が近年見た映画では最高の作品だ。シュレンドルフはこの作品の後も活動を続けている。本当にすごい人だと思う。

永井荷風とノルマンディー

作家の永井荷風（一八七九〜一九五九年）は暁星の夜学でフランス語を勉強し、最終的にはパリに行くという目的を達するために、横浜正金銀行の社員としてニューヨークで数年働き、その後やっとパリに到着する。ところがパリには二日間いただけで、すぐさまリヨンに赴いて銀行勤めをしなければならなかった。リヨンで銀行の窓口業務をしばらくやった後、最終的にはパリに到着するのだが、わずか二カ月の滞在にとどまった。

荷風はカルチエ・ラタンに宿をとって界隈を歩き回る。自分に大きな影響を与えた文学者たちの墓参りをして、サン・ミシェル通りのカフェで娼婦と語り合い、その娼婦の過去の日本人顧客について聞き出したりしている。

荷風のフランス滞在は一九〇七年から翌年までで、『ふらんす物語』は一九〇九年に博文館から出版されることが決まり、出版納本の手続きまで済ませたところで発禁処分になった。明治末の日本にとってはあまりに刺激的な内容だったのだろう。荷風は現実を直視するエミール・ゾラらの写実的な文学の信奉者だったから、発禁は悔しかったに違いない。

その後、改訂のうえ何度か再版され、現在に至っている。

その短かったフランス滞在の思い出をつづった『ふらんす物語』の冒頭は、ニューヨークから汽船に乗ってちょうど一週間、セーヌ川右岸の河口にある港町ル・アーブルを汽船から眺める場面から始まる。夕暮れ時だった。

最初の感想は、なんて美しくて優しさに満ちた土地なのだろうということだった。翌朝、パリに向かう汽車に乗った。車窓から見える自然は人間の暮らしと調和していて、そのまま絵になるように思えた。詩や小説をきっかけに憧れたパリに行くためにフランス語を学び、性に合わない銀行員になって米国で働き、やっとの思いでたどり着いた荷風のパリ到着の感動は大きかった。

荷風が書いているのは、米国で目にしてきた荒々しく、巨大で、男性的な自然と違い、穏やかな人間のサイズに合った自然だ。到着したのが夏だったこともあって、そこかしこに緑があふれていた。

荷風は考える。これまで読んできた詩や小説はこのフランスの自然そのものが生み出したのではないか。人間の創作物と自然は相似形になっているのではないか……と。

僕も何度か同じような体験をしている。画家のフィンセント・ファン・ゴッホ（一八五三〜九〇年）は精神を患い、南仏アヴィニョンから遠くないサン・レミ・ド・プロヴァンスの療養所にいた時期に、満天の星空、渦巻く雲、ぐにゃっと曲がった糸杉を描いた『星月夜』（一八八九年）を制作している。僕はずっとこの糸杉はゴッホの想像上の産物と考えていた。ところがサン・レミを訪れて、この糸杉が現実に存在すると知ったのだった。バルセロナ郊外をドライブしている時、どこかで見たことのある景色だと思ったら、パブロ・ピカソやホアン・ミロの絵の記憶だと気づいたこともある。自然と芸術は結びついているのだ。

別の言い方をすれば、なにもないところ、なんの参照物もないところから芸術は生まれない。僕は「世の中に新しいものなし」と信じている。どんなに前衛的に見える音楽や絵にも、なにかしら過去の人類の体験が反映されている。

荷風が体験した汽車旅行はノルマンディーのル・アーブルからセーヌ川をさかのぼってルーアンを通り、画家のクロード・モネが晩年を過ごしたジヴェルニーからパリ西側の駅、サンラザール駅に至る旅だった。

サンラザール駅にはホテルの客引きがたくさんいるのだが、荷風は駅前の右側の道、ローマ通りを歩き、安いけれどまともそうなホテルを見つけて宿泊する。

ローマ通りは音楽家にとっては忘れられない通りだろう。ここから一本入ったマドリッド通りに、コンセルバトワール（パリ国立高等音楽院）があるからだ。

作曲家でピアニストのミシェル・ルグラン、同じく作曲家でピアニストのクリスチャン・ジャコブ（一九五八年〜）、それに作編曲家の服部克久さん（一九三六〜二〇二〇年）も通った音楽の名門だ。戦前はクラシックピアニストの原智恵子さん（一九一四〜二〇〇一年、川添象郎の実母）もここで学んでいる。

僕の仕事仲間のクリスチャンはこのあたりが今でも懐かしいらしくて「ローマ通りとマドリッド通りの角にステーキ・タルタル（韓国料理のユッケに似た生肉料理）のおいしいバー兼レストランがあったんだ。コンセルバトワールに通っていた当時はこれが当たり前だと思って食べていたんだけど、あれ以上においしいステーキ・タルタルはその後食べたことがない。また行きたいよ」と言っている。

翌日、荷風は安ホテルを経営している女性が手配してくれた馬車に乗ってパリを見学する。女性は顔のほくろに毛が生えている太った老婦人と荷風は書いているが、誠実で親切な人だった。荷風がリヨンに向けて旅立つ朝、老婦人は花瓶から白いバラを抜き取って餞別にする。互いに二度と会うことはないだろうと思っていた。

荷風はパリ東側の駅、リヨン駅からディジョンを通ってリヨンに向かう。車窓から見えるフランスの美しい田園風景が『ふらんす物語』につづられている。

僕は荷風がル・アーブルからパリまで汽車で旅したのとほぼ同じルートを車で何度も往復しているから、荷風が見たもの書いたものに共感できる。彼と同じように「なんて美しいところなのだろう」と感じていたからだ。

この荷風が旅したのはノルマンディー地方を横断してパリに至るルートだ。パリの市民にとって、あるいはすべてのフランス人にとって、ノルマンディーは特別な心の故郷だ。一八三六年に書かれた故郷を思う歌「マ・ノルマンディー（私のノルマンディー）」は多くのフランス人によって今も歌われ続けている。

僕が暁星に通っていた頃、フランス人修道士のグッドレーベン先生がこの歌を教えてくれた。アルザス出身でひょろりと背の高いグッドレーベン先生は当時すでに七十歳を超えていたが、生徒たちから「グッちゃん」の愛称で親しまれていた。

グッちゃんは「マ・ノルマンディー」をフランス語で歌って教えてくれる。歌いながら感極まって涙ぐんでいたのを思い出す。あのころ暁星にいたフランス人の先生方は第二次世界大戦中も日本にとどまっていた。故郷を思う気持ちが人一倍強かったのだと思う。

僕はノルマンディーに何度も行く機会に恵まれた。友人のドミニク・ベニエール夫妻がかの地をこよなく愛する人たちだったからだ。夫妻はノルマンディーのロマネスク様式の古い教会で結婚した。若い頃はパリで働き、週末や休暇をノルマンディーで過ごしていたが、今は反対にノルマンディーの農家を改造した家に住み、時々パリのモンマルトルにあるアパートに行くという生活を送っている。

僕は夫妻に招かれ、時には家族連れでノルマンディーの自然を楽しませてもらった。日本人には少し寒い気候かもしれないが、海の影響か、時々パラパラと雨が降り、そのおかげでいつも緑が美しい。

家族を連れてノルマンディーを訪れた時は、当時十一歳と十歳だった僕の息子と娘をヨレーヌ夫人が引き連れ、農場にある屋根付きの乗馬場でポニーに乗せてくれた。

この農場では鶏が外を歩き回り、ほかにも羊などいろんな動物が飼われていて、排せつ物の強烈なにおいが漂っていた。僕が子供の頃は「田舎の香水」と呼ばれた肥溜めのにおいは当たり前だったが、今ではすっかり化学肥料に取って代わられた。日本も米国も無臭、無菌の世界になってしまった。しかし最近は有機肥料で作られた野菜は味もいいし、栄養があるとされている。本当においしいものは臭い場所でできるものなのだろう。あまり無菌状態にいると、体の抵抗力も下がってしまう。日本人も米国人もこのままではにおいや菌のある場所で暮らせなくなってしまうのではと心配になってくる。

ノルマンディーの食べ物はおいしい。カマンベールやポンレヴェックなどのチーズが有名だが、様々な農場で多様なチーズがつくられていて、どれも素晴らしくおいしい。僕はチーズには自然のにおい、農場のにおいが含まれていると思う。

ドミニクは工場でつくられているチーズを一段下に見ていて、チーズは農場でつくられた物しか食べない。臭さと菌でいっぱいのノルマンディーで育った植物は栄養たっぷりで、草を食べる子羊はその栄養を取り込んでとてもおいしくなる。ノルマンディーの海岸は遠浅で、草が生えている場所に満潮の時だけ海水が入ってくる地帯がある。海水に浸ると草に塩が付着する。この草を食べた子羊は「プレ・サレ（塩の原）」と呼ばれ、珍重される。天然の塩が肉に入っていて、とてもおいしいのだ。

ドミニクの家は海岸から車で五分ぐらいの緩やかな丘の上に立っている。ある日の夕方、別棟に住むドミニクのお母さんと家の前で立ち話をしていたら、丘の下の方から突然ざわざわと風が湧いてきて木々を揺らした。

ドミニクのお母さんが「ル・ヴァン・ス・レーヴ（風が立ち上がる）」と言ったから、僕はハッとした。フランス語では、風が起きる時にはそういう表現を使うのだったと思い出した。

フランスの詩人で作家のポール・ヴァレリー（一八七一〜一九四五年）が一九二〇年に作った有名な詩「海辺の墓地」に「ル・ヴァン・ス・レーヴ、イル・フォ・タンテ・ド・ヴィーヴル」という一節がある。作家の堀辰雄は「風立ちぬ、いざ生きめやも」と訳し、小説『風立ちぬ』（一九三六〜三八年）を書いた。それに基づいて宮崎駿監督が『風立ちぬ』（二〇一三年）というアニメーション映画を作り、その主題歌として僕がプロデュースしたユーミンの「ひこうき雲」（一九七三年）が使われたのだから驚いてしまう。

ともかくノルマンディーの自然は美しく、食べ物はおいしいのである。

モンパルナスのラ・クーポール

高校生の時からいろいろお世話になったイタリアンレストラン「キャンティ」の創業者、川添浩史さん（一九一三〜七〇年）の青春時代を中心に描いた歴史小説『モンパルナス1934』（二〇二三年、村井邦彦・吉田俊宏共著）には、モンパルナスにあるカフェ「ラ・クーポール」が三度ほど登場する。

ファシストとの乱闘の発端になる場面、後に川添さんの妻になるピアニストの原智恵子さんがショパン国際ピアノコンクールで聴衆賞を受賞した後、若い仲間たちがお祝いの会をする場面、川添さんが画家の藤田嗣治と一緒にビールを飲みながら話をする場面だ。実際に川添さんはモンパルナスに住み、ラ・クーポールに何度も行っていた。

ラ・クーポールは一九二七年十二月二十日に開店した。クーポールとはドームや丸天井という建物の形態を表す言葉だが、ラ・クーポールとなるとアカデミー・フランセーズ（一六三五年にブルボン朝の宰相リシュリューが組織して以来、連綿と続いている文学を中心とする学士院）を指すこともある。アカデミー・フランセーズの建物の上部がドームになっているからだ。

ラ・クーポールが開店した頃、藤田嗣治はパリの超有名人になっていた。おかっぱ頭に丸眼鏡、ちょびひげを生やして金色のイヤリングをしている日本人で、奥さんは人も振り向くフランス美人だからさぞ目立ったのだろう。本人も目立つのが好きだったようで、柔道普及のために来仏した柔道家の石黒敬七とオペラ座の舞台で乱取りのデモンストレーションをやって失神したりしたらしい。

清岡卓行さんの『マロニエの花が言った』には、ラ・クーポールの開店のポスターの上段に「彼らはどこに行くか?」、下段には「ラ・クーポールに」という文字があり、その真ん中にアカデミー・フランセーズの会員の服装をした三人の男が戯画的に描かれていたと記されている。清岡さんは「彼(藤田嗣治)の人気がどんなに高かったかを示す」として、その三人のうちの一人が「まさしく嗣治なのだ」と書いている。

残念ながら、僕はそのポスターを見たことがないのだが、藤田嗣治が同じ時代に描いた芸術家仲間による慈善舞踏会のポスターは見たことがある。軽妙なイラストレーションで、文字も藤田が手書きしたと思われる。きっとラ・クーポールのポスターも同じように軽妙で洒落たデザインだったのではないかと想像している。

その頃ラ・クーポールには藤田と当時の妻ユキ、アンドレ・ドランやモイーズ・キスリングといった画家、ルイ・アラゴンやロベール・デスノスらの文学者をはじめ、多くの芸術家たちが集まっていた。

僕の大学時代の親友、矢橋則雄の父で画家の矢橋六郎さん（一九〇五〜八八年）は東京美術学校（現在の東京芸術大学）で学んだ後、一九三〇年にパリへ渡った。画家や芸術家が集まるラ・クーポールには年中行っていたらしい。矢橋さんは「ラ・クーポールの柱の上部に描かれている絵はどれも近所に住む画家たちが描いたのだよ」と教えてくれた。その絵は今もそのまま残っているはずだ。

矢橋さんは優れた作品を数多く残しているが、生家の「矢橋大理石商店（現社名は矢橋大理石）」の美濃赤坂（岐阜県大垣市）の工場内に大理石のモザイクを作るアトリエを構え、モザイク作品もたくさん制作している。僕はそのアトリエで矢橋さんが大勢の学生たちとモザイク作品を作っている様子を見学させていただいたことがある。

そのアトリエで生まれた代表的な作品には、矢橋さんが長谷川路可や小柴外一とともに制作した日比谷の日生劇場（一九六三年完工、設計・村野藤吾）のピロティや壁、劇場内部のモザイクがある。劇場一階ピロティのモザイクの原画は矢橋さんが描いた。白、灰色、黒の大理石を使ったすっきりとした作品で僕は大好きだ。

僕にとって日生劇場といえば、川添浩史さんに連れられてブロードウェイのオリジナルキャストによる『ウエストサイド物語』のリハーサルや公演を見たのが始まりで、その後も劇団四季のミュージカルや越路吹雪さんのリサイタルなど、数々の公演を見てきた。ここで開いた森山良子のリサイタルのプロデュースは僕が務めた。東京でいちばん思い出のある劇場と言っていい。

近年は東京の往年の建物がどんどん壊されてしまって悲しい。日生劇場はずっと残してほしいと思っている。

朝吹登水子さんにいただいた自伝的な小説『愛のむこう側』にもラ・クーポールが登場する。ナチスドイツがポーランドに侵攻して第二次世界大戦が始まる前の一九三九年五月、やがて戦争で離ればなれになるスペイン人とフランス人のハーフの恋人パスカルとラ・クーポールで食事をする。パスカルは数年前、スペイン内戦に志願した熱血漢だ。

登水子さんはラ・クーポールの料理についても詳しく記している。「鴨のパテ」「白ぶどう酒で煮た平目」、この店の名物料理「鶏のカレー煮」などだ。ラ・クーポールはモンパルナスの他のカフェと比べると値段が高く、特別な時に豪遊する店だとも書いているが、一杯のコーヒーで一日ねばっていられるバーがついているから、貧しい芸術家も気楽に行けたのだろう。

パリのすごいところは、今なおラ・クーポールが同じ場所に存在することだ。僕も一九七〇年代に足繁く通った。昔は地下だか階上だかでジャズを演奏していて踊れたらしい。

ラ・クーポールは天井の高い広大な店で、何百人もの客が食事をする姿を眺めるのは壮観だった。その広い空間にあるものすべてが動いている。食事を終えて帰っていく人たちがいれば、新しく入ってくる人たちもいて、そのたびにクローク係がコートを出し入れする。たばこや花を売る人が店内を行き来していて、たばこを頼むとクローク係の女性が平たい箱に各種のたばこを詰めて持ってきてくれるのだ。客は好みの銘柄を選んで金を払う。そんなことをしているうちに給仕が現れて注文を取る。そのあたりのタイミングがまるでよく編集された映画のように絶妙で、芸術的と言っていいほど素晴らしい。僕が最後にラ・クーポールを見たのは二〇一三年だが、きっと今も変わっていないのだろう。

冬になると店の前に牡蠣やエビやハマグリを並べ、ゴム靴を履いた人が次から次へと牡蠣をむく様子が楽しめる。一九八〇年代の初めに妻と二人で行ったら、隣の席にいる太鼓腹の老紳士と夫人が次から次へと牡蠣を平らげていた。

銀メッキの鉄皿に砕いた氷が敷き詰められ、そこに殻付きの牡蠣をのせて供される。皿はメッキを施した鉄の台に載せられ、その下の空間には薄くスライスした黒パンとバター、半分に切って布で包んだレモン、刻んだエシャロットを入れた酢が置かれている。

牡蠣には平べったい形のブロン種と、日本のブランド種「的矢かき」に似た形のクレール種がある。クレールは大きさによって一番、二番などと番号がついている。

まずは殻にのった身に酢をかけて食べ、酢と海水が混ざった残りの液体を殻からツルッと飲むのが標準的なスタイルだ。少々えぐい味がするのだが、海を丸ごと食べている気分になる。黒パンにバターをつけて一口かじるとえぐさが取れる。新たな気持ちで、もう一つ牡蠣を食べる。その合間に白ワインをちょびっと飲んだり、ぐびっと飲んだりする……。このサイクルが永遠に続くのが牡蠣好きの夢だ。

牡蠣を食べる時の白ワインには、ブルゴーニュ産のシャブリとロワール川周辺でできるサンセールがある。僕の音楽の師匠ミシェル・ルグランがサンセール派だったから、僕もサンセールを飲むことが多くなった。

先に述べた隣の席の老夫婦はさんざん牡蠣をお代わりして、主菜なしでいきなりデザートを食べて帰っていった。もし、もう一度ラ・クーポールに行く機会があったら、僕たち夫婦も同じことをするだろう。年を取ってだんだん胃袋が小さくなったから、好きなものだけを食べていたい。

ミシェル・ルグランの夢を見た

新型コロナウイルス禍でロサンゼルスの自宅に引きこもっていた時にミシェル・ルグランの夢を見た。ミシェルはコロナ禍が始まる少し前の二〇一九年一月に亡くなったのだが、その夢はこんな夢だった。

僕はパリのヴィラ・モリトールにあるミシェル・ルグランの家にいる。ミシェルの妻クリスティーヌの手料理で夕食を済ませた後、ミシェルの仕事部屋で彼と話をしている。ヴィラ・モリトールはパリ十六区のオートゥイユ地区にあるゲートで守られた閑静な住宅街だ。パリ市の最南西部に位置し、セーヌ川とブローニュの森に囲まれ、街に緑があふれている。オートゥイユはセーヌ川に架かるギヨーム・アポリネール（一八八〇～一九一八年）の詩で有名なミラボー橋の右岸にあり、一八六〇年代にパリ市に編入された。『失われた時を求めて』のマルセル・プルーストはここで生まれている。

ミシェルが言う。

「クニ、音楽は歌だよ。歌うことによって音に生命が吹き込まれるんだ。音楽は理知的に整理され、統合されているから、作曲家の中には数式で音楽を作る人もいる。しかし数式は芸術ではない。生き生きとした感情がこもり、人間の魂が感じられる作品以外、私は認めない。だから作曲する時には、自分の中にあるものをいったん声に出して歌ってから楽譜に書き留めなければならないんだ」

一瞬で場面は変わり、ミシェルは東京の三田東急アパートにあったアルファミュージックの僕の部屋で作曲している。来日したミシェルが「どこかピアノのある部屋で仕事をしたい」というので、その部屋を使ってもらったのだ。その頃この仕事部屋にはまだ高校生だったユーミンが毎週一回、立教女学院（杉並区）から渋谷駅経由でバスに乗ってやって来た。新しく作った曲のデモテープを僕に聴かせるためだった。彼女は自宅にオープンリールのテープレコーダーを持っていた。残念ながらミシェルとはすれ違いで二人を引き合わせることはできなかった。

ミシェルは歌いながらスコア（楽譜）を書いている。ビリー・ホリデイの伝記映画『ビリー・ホリデイ物語／奇妙な果実』（一九七二年、ダイアナ・ロス主演、シドニー・J・フューリー監督）のための音楽で、僕はロサンゼルスでこの録音に立ち会っている。ミシェルは歌を作曲する時だけでなく、オーケストラのスコアも歌いながら書くのだった。

再び場面は一瞬で転換し、ミシェルと僕はパリ十六区のヴィクトル・ユゴー通りにある「ル・ステラ」で昼食を終えてコーヒーを飲みながら話している。ここは十六区の裕福な住民が集まる気楽なレストランだ。店主は丁寧にあいさつして、ミシェルにサインを求めた。食事は生牡蠣とステーキだった。

ミシェルが言う。

「牡蠣を食べる時はシャブリよりサンセールがいいよ。ステーキにはなんと言ってもボルドーの赤だ。ブルゴーニュのワインが好みだという人もいるが、私は絶対にボルドー派だね」

またまたあっと言う間に場面が変わり、ミシェルと僕はパリ中心部から西北に二時間ほど車で走った先にある広大な敷地を持つ古い屋敷にいる。僕らはミシェルの二番目の妻イザベルがアルミホイルに包んで焼いてくれたマスを一緒に食べている。その屋敷は乗馬が好きなイザベルのために買った馬場付きの別荘だった。

ミシェルが言う。

「即興性は音楽を生き生きとさせる重大な要素だ。私の創作の原動力は好奇心にあふれた精神と即興性だ。音楽に熟練しすぎると自然さが失われてしまう。いつも初心者のようにドキドキしながら音楽に接しなければならない」

また場面が転換し、僕らは東京の渋谷にあるオーチャードホールにいる。ミシェルは東欧から連れてきたシンフォニーオーケストラとリハーサルをしている。リズムセクションは日本人ミュージシャンで、ドラムは村上〝ポンタ〟秀一（一九五一～二〇二一年）だ。

ポンタがミシェルにしかられている。「音が大きすぎる。バランスを考えて演奏しろ」。ポンタは素直に従って音量を下げる。

僕が客席から「僕だよ。クニだよ」と声をかけると、ミシェルは言った。

「サ・ムライ。来ていたのか」

「サ」は「これ」とか「あれ」という意味だ。「サ・ムライ」といえば「これは、あるいはあれは村井だ」ということになる。ミシェルが僕を他の人に紹介するときによく言っていたシャレなのだ。アラン・ドロン主演の映画『サムライ』（一九六七年、ジャン＝ピエール・メルヴィル監督）がヒットして以来、フランスでは「サムライ」といえば通じる人が増えた。

ミシェルがオーケストラに指示を出す。

「コード、C」

ド・ミ・ソの音をそれぞれ勝手に出せという指示だ。オーケストラは言葉が分からないのか、そんな指示をされた経験がなかったのか、もぞもぞとしているだけで音は出なかった。ミシェルは諦めて「次の曲」と言った。

コンサートの後、ミシェルは僕のアパートで食事をしている。ミシェルの三番目の妻でハープ奏者のミシェル＝クリスティーヌ、ミシェルの姉クリスチャンヌ・ルグランも一緒だ。クリスチャンヌはフランスのコーラスグループ「ダブル・シックス・オブ・パリ」のメンバーで、ミシェルの映画の歌の吹き替えでも活躍した歌の名人だ。食事には森山良子やフィリップス・レコードの本城和治、ソニーの加納紏、「てりとりぃ」誌編集長の濱田高志夫妻らも参加している。

同じアパートに住む石坂彦太がミシェルの好物、生牡蠣とローストビーフを用意してくれた。もちろんワインはサンセールの白とボルドーの赤だ。ミシェルは年を取り、心臓を患っているが、おいしそうに牡蠣三つとローストビーフを半分ほど平らげた。

食事を済ませた後、僕はピアノに向かい、ミシェルに聴かせるために書きかけの曲を弾き始める。ミシェルはピアノの横に来て言う。「歌え、歌え。メロディーを歌わなきゃダメだよ」

そこで目が覚めた。夢だった。ロサンゼルスにしては珍しく蒸し暑い夜で、僕はびっしょり汗をかいていた。喉が渇いたので台所に行って冷蔵庫を開け、自家製のミントティーの入ったガラス瓶を取り出してコップに注いだ。台所の小さな椅子に座り、よく冷えたミントティーを飲みながらミシェルのことを考えた。

「ミシェルが亡くなって、もう一年半か。残念だけど、もしミシェルが生きていて今のようなコロナ騒ぎに直面していたら、本当に困っただろうな。彼の人生は絶え間なく作曲し、録音し、オーケストラを指揮して、ジャズクラブでピアノを弾くことの連続だった。そんなことはコロナ禍では到底できないから、ミシェルは頭がおかしくなってしまったかもしれない。あるいは彼独特のサバイバル能力を発揮して、途方もないことを思いついて実行したただろうか……」

白々と夜が明けてきた。天気予報によると、ロサンゼルスの最高気温は四〇度を超えるらしい。この一週間、カリフォルニア中の山や砂漠で数十もの山火事が続いている。窓の外を見ると山火事のせいで空は灰色、太陽の光はミカン色になっている。

「まったくひどい世の中になってしまったものだ」

僕は思わずぼやいていた。

「ふらんす物語」に描かれたキャバレー

小学生の頃、日劇では映画と実演の両方をやっていた。家族そろって何回か観に行った。

上映後にカーテンが上がると、舞台は突然南の島のセットになっていた。月夜のようなブルーの照明が美しく、南国風のリズムに乗って半裸の男女が歌い踊る。この瞬間から僕はレビューが好きになった。日常から突然違う世界に連れていかれるのは映画も同じだが、舞台は生身の人間がやっているから躍動的でワクワク感が一層強い。

初めてパリを訪れてリドのショーを見た時もうれしくて仕方がなかった。なぜこんなにレビューが好きなのか、自分でもよく分からない。とにかく底抜けに明るく、見ているだけで楽しくなって元気が出てくるのだ。途中でペーソスを感じさせる場面や歌があるが、最後は必ずハッピーエンドになる。最後に大きな階段に出演者がずらりと並び、頭に羽根飾りの冠をつけた背の高い女性たちが大きな扇を手にしてポーズをとる、観客は大喜びで満足して帰っていく。そんなふうに楽しそうにしている人々を見ていると、こっちまで元気になってくるのである。

永井荷風の『ふらんす物語』でとりわけ心ひかれるのは、モンマルトルのキャバレーを訪れた体験を書いた「夜半の舞踏」という一節だ。

荷風は土曜の夜十二時を過ぎてから盛り上がるキャバレーがあると聞いて、カルチエ・ラタンから乗合自動車に乗る。セーヌ川の右岸に渡り、ルーヴル美術館の前を横切ってコメディ・フランセーズの横を通ると、ちょうど芝居が終わって人々が道路にあふれていてしばらく車は動かない。暗い細い道を通ってモンマルトルのピガールにあるバルタバランに到着する。ピガールは昔の東京の浅草六区みたいな歓楽街だ。

入場料を払って中に入ると中は巨大なキャバレーで、幾千の観客であふれていた。大げさなデザインの階段を上ったところで数十人の音楽家がポルカを演奏している。音は大きく耳鳴りがするほどだ。「幾千の観客」と書いているのは荷風自身だ。僕は「数千人も入れる巨大なキャバレーなんて本当にあったのかな」と疑問に思ったものだが、先を読み進めるうちにだんだん納得してきた。

荷風が到着して着席すると、大掛かりなパレードがあった。ベネチアのカーニバルを模したもので、人魚に扮した大勢の女性や兵士に扮した女性、さらには裸同然の女性たちが乗った二艘の船をひくのである。歓声を上げる二階席の観衆が様々な色のついた紙テープを船に投げる……。

するると突然、照明が消えて暗くなり、人魚の衣装にだけ光が当たると、それは波のように揺れ、観客はその美しさにますます歓声を上げる。どうやら場内はアリーナのような構造になっているようだ。ショーが終わると中央でダンスが始まり、客や出演者の女性が入り乱れて踊る。平土間の周りはテーブル席になっていて、食事や酒が運ばれてくる。そこでショーに出演した女性たちが客と戯れながらシャンパンを飲み、どんちゃん騒ぎは夜明けまで続くのである。

このバルタバランのようなショーは、今でもモンマルトルのキャバレー「ムーラン・ルージュ」などに引き継がれているようだが、僕はムーラン・ルージュには行ったことがない。とはいえバズ・ラーマン監督の映画『ムーラン・ルージュ』(二〇〇一年)を見ているから、どんな場所かは想像できる。映画の時代は一八九九年の設定になっていて、画家のロートレックや作曲家のサティらが登場する。ロートレックの「ムーラン・ルージュ」のポスターは有名で、見ればすぐそれと分かる。「ジムノペディ」で知られるサティは実験的な音楽に実績があり、新しい曲を聴かせる際に「静かにしないでくれ。人がしゃべったりして、ざわざわしている雰囲気に合わせて書いた曲なんだ」と聴衆に言ったことがある。

バズ・ラーマンはビートルズやマドンナ、エルトン・ジョンらの曲を使いながら十九世紀末のパリの風俗を描いていて面白かった。この作品はアレックス・ティンバースの演出で二〇一八年にミュージカルになった。二〇二三年のミュージカル版『ムーラン・ルージュ』の日本公演も大好評だったと聞いている。

パリでは今でもシャンゼリゼのリドやカルチエ・ラタンのパラディ・ラタンなどでレビューを見ることができる（リドはキャバレーを閉業して劇場になるらしい）が、往年の輝きは少し失われているのではないかと思う。今でも残念に思うのはフォリー・ベルジェールやカジノ・ド・パリなどでレビューを見ていないことだ。初めてパリを訪れた頃に見ていれば、全盛期の面影が少しは残っていたのかもしれない。

クロード・ルルーシュ監督（一九三七年〜）の映画『愛と哀しみのボレロ』（一九八一年）の複数の主人公のうちの一組の夫婦が一九三〇年代末のフォリー・ベルジェールのピアニストとバイオリニストで、レビューの場面が何度か出てくる。映画では劇場スタイルになっていてキャバレー形式ではないが、とてもつややかで何度も見たくなる。

この映画には一九五〇年代にフォリー・ベルジェールを引退した二人組の女性タップダンサーがピガールの小さなクラブで踊るシーンもある。初老の女性だが、見事な踊りだ。なんといってもフォリー・ベルジェールの往年のスターだった人たちだからだ。そのシーンでは作曲家のフランシス・レイ（一九三二〜二〇一八年）が盲目のアコーデオン弾きを演じている。

ルルーシュ監督は自身が監督した映画『男と女』（一九六六年）の音楽を当時まだ無名だったフランシス・レイに依頼するのだが、その時レイはピガールの小さなクラブでアコーデオンを弾いていたのだそうだ。

カジノ・ド・パリは振付家のローラン・プティとバレエダンサーのジジ・ジャンメール夫妻のショーを長い間やっていたのだが、ついに見ることはできなかった。ちなみに清岡卓行さんの好きな「二つの愛」が一九三〇年にジョセフィン・ベーカーによって初めて歌われたのが、このカジノ・ド・パリのレビューだった。

フォリー・ベルジェールでは、一九四〇年代にロマ音楽とジャズを融合させた「ジプシースイング」の創始者として知られるギタリストのジャンゴ・ラインハルトが演奏していたこともある。

米国で生まれたジャズがパリに行って、フランス大衆音楽に様々な影響を与えた。そんな音楽を生み、はぐくんだのがフォリー・ベルジェールやカジノ・ド・パリだった。荷風が訪れたバルタバランはそうしたパリのナイトクラブの先祖であり、ベル・エポック時代（十九世紀末から第一次大戦が始まる頃まで）のパリの文化遺産だった。

さよならパリ

初めて訪れた時から、パリに住みたいと思っていた。しかしアルファを経営していた十七年間は東京、ロサンゼルス、パリを目まぐるしく移動する毎日で、パリではいつもホテルに泊まっていた。ホテルは便利だが、生活している実感はない。ルームサービスで朝食をとるのではなく、目が覚めたら自分で朝食のパンを買いに出かけたり、近所のカフェでたばこを買ったり、キオスクで新聞を買ったりしてパリの市民と同じ生活をしてみたかった。

かつてそんなふうにパリで暮らしたヘミングウェイやアルジェリア戦争の頃にパリの屋根裏部屋に住んだコロンビアの作家ガルシア・マルケス（一九二七〜二〇一四年）のように。

僕は一九八五年にアルファを辞めて自由になった。パリに住んだらどんな感じなのか試してみようと思って小さなアパートを探し始めた。友人の映画プロデューサー、ジャン＝ピエール・マオが世話を焼いてくれて、サンジェルマン・デ・プレあたりで何軒か一緒に見て回ったのだが、なかなか良い物件が見つからず、結局一年ほど探し回った。

当時ジャン＝ピエールはフランス版「ヴォーグ」誌の編集長だったコロンブ・プリングルと付き合っていて、ついに結婚することになった。二人とも再婚で子供もいる。全員が住むにはジャン＝ピエールのアパートでは部屋数が足りない。「結婚後はグルネル通りに引っ越すから、今の僕のアパートを買わないか」と持ちかけてきた。住所はプラス・サン＝シュルピス六番地。僕はそこを何度も訪ねていて、いつも「なんて素敵なところだろう」と感心していた。

アパートはサン＝シュルピス教会前の広場の北東の隅に立っている。一八〇〇年代初めにセルバンドニという建築家が教会のファサードをつくった際、同時に建てられた。オスマン男爵のパリ大改造（一八五三〜七〇年）より前からある由緒ある建物だ。

水色に塗られた大きな扉を開けると中庭がある。昔はここに馬車が入ったのだろう。入ってすぐ右にはコンシェルジュが住んでいて、住人はみな左側の鉄枠のガラスの扉から入るようになっている。立派な装飾の手すり付きの階段の途中には、狩りの様子を描いた大きな絵が飾られている。二百年もたっているから、石造りの階段は真ん中あたりがすり減っている。鳥かごのようなエレベーターが階段の脇についている。扉はもちろん自動ではなく、いちいち自分の手でガッチャンと音を立てて開閉しなければならないのである。

ジャン＝ピエールの部屋は三階にあり、食堂、台所、リビングルーム、書斎のほか、寝室が一室と台所の奥にエキストラの小さな寝室もあった。天井の高さは四メートル近くあって、ゆったりとした空間だった。独り者には十分な広さだが、確かに家族向けではない。

僕は二つ返事で「買いたい」と答えた。ジャン＝ピエールはその後も小さな補修やカーテンの付け替えを手伝ってくれるなど、いろいろと面倒を見てくれた。彼はもともとそういう作業が好きな男で、とにかく抜群に趣味が良かった。先祖はルイ十四世の徴税人をやっていた貴族だというから、代々美しいものを目にしてきたのだろう。このアパートの住人の半分ほどは一族の親戚で、ジャン＝ピエールが日本人にアパートを売ったというのでひと騒ぎあったようだ。

しかしジャン＝ピエールは僕を連れて一軒一軒訪ね、全員と顔つなぎをしてくれた。僕は引っ越しそばの代わりに日本の扇を全員に配った。住人の中にはサンペさんという有名なイラストレーターもいて、お返しに音楽家を描いた自分の画集に扇の絵を描いてプレゼントしてくれた。

インテリだが失業中という若い住人が近所をぐるりと案内してくれた。サントイレールという名前だった。彼に連れられてコレージュ・ド・フランスに行った。百人も入らないような小さな教室はすでに満員で、僕らは立ったまま講義を聴いた。講義は一般公開され、誰でも聴講できるとサントイレールは話していたが、そうだとしたらすごいことだと僕は思った。フランスを代表する学者の講義を何の手続きもなく、ふらりと行って聴けるのだから。

ほんの数年しか住んでいないのだが、とても懐かしいアパートだ。サン＝シュルピス教会の北側の鐘楼のほぼ真下にあるから、一日に何度か鳴る鐘の音が耳をつんざくほどの音量で聞こえた。家を出て道路を横切ると、左手がサン＝シュルピス教会で、中に入ると右側にドラクロワの絵が二点ある部屋がある。その部屋のベンチに座って絵を見ながら十五分、三十分ほどボーッとしているのが好きだった。

広場の南西を南に歩いていくと、すぐにリュクサンブール公園がある。公園にはセナとよばれる元老院と美術館があり、その美術館に藤田嗣治の絵が展示されたこともある。宮殿の脇には永井荷風が『ふらんす物語』で有名にしたメディシスの泉がある。ここは木々の葉が茂って夏でも涼しく、少し雨が降っても葉が傘になってくれて濡れなくてすむと荷風は書いている。

広い園内には子供用の人形劇をやる小さな劇場、ブランコなど遊戯用の設備がある場所、有料だがロバに乗れるところなどがあって、小さな子供連れには格好の公園だ。中央の大きな噴水のある池には子供たちがヨットを浮かべて遊んでいる。

サン＝シュルピス教会の裏手にはオデオン座と呼ばれる劇場がある。十八世紀に王立コメディ・フランセーズとして建てられたが、フランスの政治体制の変化とともにくるくると主宰者が変わり、僕が初めてパリに行った頃は一九六八年の五月革命で学生たちが占拠したことで有名になっていた。その時、文化大臣のアンドレ・マルローから運営を任されていた俳優のジャン・ルイ・バローは学生に劇場を明け渡したため解任された。

アパートを出てボナパルト通りを北に歩くと、すぐにサンジェルマン大通りと交差し、道路の右向こう側にサンジェルマン・デ・プレ教会が立っている。左手にはドゥ・マゴやカフェ・ド・フロールがある。ジャン＝ポール・サルトルやシモーヌ・ド・ヴォーヴォワールらの実存主義者が根城にしていたカフェだ。

さらにボナパルト通りを進むとセーヌ川左岸に達する。右折すると川岸にブキニストと呼ばれる古本や絵はがきを売る小さなスタンドがずらりと並んでいて、セーヌ川を川上に向かって歩くと高くそびえるノートルダム寺院が見えてくる。

リュクサンブール公園の東側にはパンテオンが見える。南西にどんどん歩いていくとモンパルナス通りにぶつかり、右折すると藤田嗣治や川添浩史さん、井上清一さんらが住んだモンパルナス界隈に至る。サン＝シュルピス教会を中心に、どこを歩いても思い出の場所が限りなくある。

僕は一九九二年に家族とともにロサンゼルスに引っ越すことになった。サン＝シュルピスのアパートはジャン＝ピエール・マオを紹介してくれた写真家のジャン・ピゴチに譲った。

僕もピゴチもアーメット・アーティガンと仲が良かったので親しくなった。ピゴチの交際範囲はとても広く、ジェームズ・ゴールドスミス、アムシェル・ロスチャイルド、ポール・アレン、フレディ・ハイネケン、ニコラス・ベルグルーエンらの実業家や画商のラリー・ガゴシアン、俳優のマイケル・ダグラスを僕に紹介してくれた。メトロポリタン・オペラの理事を務める矢幡聡子ともピゴチの紹介で会った。ジャン＝ピエールはピゴチの幼なじみだった。

友人に譲ったから、サン＝シュルピスのアパートはいつでも見にいけると思って安心しているのだが、今のところピゴチがエットレ・ソットサスというイタリア人デザイナーに頼んで内装を超近代的にしたのを一回見せてもらっただけだ。

ロサンゼルスに引っ越してから十年ぐらいたって、ジャン＝ピエール・マオが交通事故で亡くなったとピゴチから知らされた。マオの一家はブルゴーニュに土地を持っていて、そこでワインを造っていた。店に出回るほどの量ではなく、親戚と友人だけで飲んでしまうくらいだった。酒を飲まないピゴチの家に置いてあるのはそのワインだけだったから、僕は何度も飲んだことがある。ジャン＝ピエールがブルゴーニュとパリを何度も往復していたのは知っていたが、その途中で木に激突して亡くなったのだそうだ。

ピゴチの話を聞いて一九六〇年にブルゴーニュとパリを結ぶ同じ道で木に激突して亡くなったアルベール・カミュのことが脳裏に浮かんだ。カミュは助手席にいて、運転していたのはカミュの作品を出版していたガリマール書店の社主の甥だった。

ロサンゼルスで暮らして三十年たってしまった。僕のパリの思い出はジャン＝ピエール・マオの死以降、いっそう遠いものになってしまった。

Ⅲ　忘れ得ぬ人びと

アーメット・アーティガン

一九五〇年代後半、僕は中学の同級生の磯部力と一緒にジャズのレコードを聴きまくっていた。LPレコードは中学生がおいそれと買える額ではなかったから、やっとの思いで手に入れた一枚を擦り切れるほど聴き、日本語のライナーノーツやレコードジャケットの裏面に記された英文も繰り返し読んだ。そこには楽曲や作編曲者の名前をはじめ、参加ミュージシャンの名前、録音の場所と日時、録音技師の名前、最後にプロデューサーの名前が記されていた。僕が買ったレコードで最も多く目にしたプロデューサーが「アーメット・アーティガン」と「ネスヒ・アーティガン」だった。アーメットが弟、ネスヒは兄だ。

とりわけ印象深いレコードがチャールズ・ミンガスの『道化師（ザ・クラウン）』（一九五七年）だ。これはネスヒがプロデュースしている。僕はこのアルバムに入っている「ラヴバードの蘇生」という哀しい曲が好きで何度も聴いたから、今でもメロディーを歌うことができる。「ラヴバード」の「バード」は一九五五年に亡くなったモダンジャズの最重要人物の一人、チャーリー・パーカーの愛称。ミンガスがパーカーにささげた曲なのだ。ジャズ好きで知られる俳優で映画監督のクリント・イーストウッドは『バード』(一九八八年)というパーカーの伝記映画を撮っている。

当時はアーティガン兄弟がどんな人たちなのか想像すらできなかったのだが、アルファミュージックを設立した翌年、一九七〇年に初来日したアーメットと麻布十番の蕎麦屋で食事をする機会に恵まれた。「ああ、この人があのレコードを作った人なのだ」と感慨もひとしおだった。

この年、ワーナー・インターナショナルの会長だったネスヒがワーナー・パイオニア(米国のワーナー・ブラザースと日本のパイオニア、渡辺プロダクションの三者が設立)の発足記念パーティーに急用で来られなくなり、同じグループ会社のアトランティック・レコード会長だったアーメットが代わりに来日したのだった。アルファからデビューしたフォークグループ「赤い鳥」のロンドン録音でいろいろと助けてくれた旧知のロバート・スティグウッドも一緒に来日したので三人で食事をすることになったのだ。

アーメットは初対面にもかかわらず、昔からよく知っている人のように感じた。食事の際の会話は、当然のように昔のジャズの話になった。アーメットも僕のことを気に入ってくれたようで、ワーナー・パイオニアの小人数の発足記念食事会にワーナー側のゲストとして招いてくれた。僕たちは一度会っただけなのに、ぴったりと気が合ったのだ。

その時、アーメットが「ここ日本では誰もが私に好意を持ってくれる。それは私がアメリカ人ではなく、トルコ人だからに違いない」と言っていたのを今でも覚えている。ちょっとしゃがれた低い声で話す人だった。

僕が「来月、ロンドンに行く予定があるんです」と言うと「その頃は私もロンドンにいる。また会おう」ということで、ロンドンで再会した。そんなことがあって以来、二〇〇六年に彼が八十三歳で亡くなるまで交際が続いた。

ロンドンで買い物に付き合い、ウィルトンズという伝統的な英国料理のレストランに行き、パリの日本料理店でスズキの刺身に舌鼓を打ち、ニューヨークにあるアーメットのタウンハウスやサウスハンプトンの家を訪ね、ロサンゼルスの僕の家で夕食をとり、ビバリーヒルズのナイトクラブに繰り出したりもした。彼が日本に来ると、よく明け方まで一緒にジャズクラブをはしごしたものだ。

アーメットと一緒にいる時に会った有名人には、ミック・ジャガーやロバート・プラント、ミッシェル・ポルナレフらのアーティスト、ジェリー・ウェクスラーやフィル・スペクター、アリフ・マーディンといったプロデューサーがいる。音楽関係以外でも政治学者で米国務長官を務めたヘンリー・キッシンジャー、レーガン大統領夫人の親友だったジェリー・ジプキン、ファッションデザイナーのオスカー・デ・ラ・レンタをはじめ多彩な人たちがいた。

アーメットを訪ねてトルコのイスタンブールまで出かけたのは一九七一年のことだ。たった三日間だったが一生忘れられない旅になった。千五百年前にキリスト教の大聖堂として建てられ、後にイスラム教のモスクになったアヤソフィア、007の古い映画で見たことのあるビザンティン帝国時代に造られた地下水道などを見て、その美しさに驚嘆した。イスタンブールは東と西の文化がぶつかりあってできた都会だ。一般の建物を見てもここに住む人たちの繊細さや洗練が感じられた。あれは「犠牲祭」というのだろうか、人々で混み合う市場で羊を解体する儀式にも出合った。黒海とマルマラ海を結び、エーゲ海と地中海に通じる要衝のボスポラス海峡を行き交う船を見ながら、アニスという薬草の香りのする酒を飲み、刺身のような魚料理を食べた。なんと魅力的な都会だろうと思った。

その時アーメットはイスタンブールで開かれる国際音楽祭の名誉会長のような立場にあって、音楽祭を中継するテレビ局のスタッフに次から次へと指示を出していた。スタッフの反応はやたらと遅く、あきれるほどモタモタしていて、日本のテレビ局のように物事がスムーズに運ばない。あれから半世紀もたつから今はそんなことはないだろうが、当時の僕は観光で訪れるには最高の都会だが、ここで仕事をするのは大変だろうなと思った。

アーメットはこの都会で一九二三年に生まれた。トルコ共和国の樹立が宣言された年だ。彼の父メフメト・ムニール・アーティガンは共和国の初代大統領に就任した軍人ケマル・アタテュルクを支えた法律家で外交官だった。写真でしか見たことがないが、少し神経質な印象を受けるまじめな学者風の人物だ。幼い頃のアーメットは父に連れられてスイスやドイツ、フランスで暮らした。一九三五年、父が初代駐米トルコ大使に任命されたのを機に首都ワシントンに移住している。

ワシントンではジャズが大好きだった兄ネスヒに連れられて黒人街のハワード劇場に通い詰めた。ハワード劇場ではデューク・エリントンやキャブ・キャロウェイ、ルイ・アームストロングらが演奏していた。アーメットはエリントンの音楽に夢中になり、トルコ大使館にエリントン楽団を招いて演奏会を開いている。アーティガン兄弟はすさまじい勢いでジャズのレコードを集め、そのコレクションは二万枚に及んだといわれる。

アーメットは十四歳の誕生祝いに素晴らしいおもちゃを母から贈られた。ダイレクトカットのレコードを作れる代物だ。アーメットはそのおもちゃを駆使し、自分で作った曲を録音して遊んだという。彼は後にレイ・チャールズの歌う曲を作詞、作曲している。

ジョージタウン大学の大学院で中世哲学を学んだ後、一九四七年に二十四歳でアトランティック・レコードを創業した。五〇年に初のナンバーワンヒットが出て、五二年にはレイ・チャールズと契約している。しばらく後にプロデューサーのジェリー・ウェクスラーがアトランティックに参加した。その頃アトランティックはもっぱらジャズやアメリカ南部の黒人音楽のレコードを作っていたのだ。ブルースやリズム&ブルースやゴスペルは黒人の間だけで聴かれていたが、やがて米国の白人や海外の人々からも愛されるようになる。一九六六年にアトランティックが契約したアレサ・フランクリンはその代表だ。

英国の若者だったローリング・ストーンズは黒人のブルースを好んで聴いていたのだが、自分たちでもやりたくてバンドを始めた。ストーンズが一九七一年にアトランティックへ移籍したのは、アーメットの黒人音楽に対する貢献や自分たちの好きな黒人アーティストを育てた実績を尊敬していたからだと僕は思っている。

移籍第一弾アルバム『スティッキー・フィンガーズ』のジャケットデザインはアンディ・ウォーホルが手がけたもので、ジーンズの写真に本物のジッパーが取り付けられていた。アーメットに「ジャケットに本物のジッパーを付けるのは手作業だからコストがかかって大変だったでしょう」と尋ねると、「ストーンズの連中、特にミック・ジャガーはレコード会社が自分たちのレコードで大もうけするのを知っていたから、なるべくコストのかかるデザインにして会社がもうからないようにしたかったのさ」と笑いながら解説してくれた。

一九七〇年ごろ、アーメットはアトランティック・レコードを売却してワーナー、エレクトラ、アトランティックの合同会社WEAでアトランティック・レーベルの会長になった。ネスヒはWEAの国際部門の会長に就任している。レッド・ツェッペリン、クロスビー・スティルス・ナッシュ&ヤング、ベット・ミドラーほか、書き切れないほど多くの大スターと契約して大成功を収めた。

当時、アーメットはブラジルのペレや旧西ドイツのベッケンバウアーらの名選手を擁したプロサッカーチーム「ニューヨーク・コスモス」の設立にも関わっている。サッカーが大好きなのだ。

一九九八年のフランス・ワールドカップ（W杯）決勝戦前夜祭でルチアーノ・パヴァロッティ、ホセ・カレーラス、プラシド・ドミンゴの三大テノールがエッフェル塔の下で競演した一大イベントも、アーメットがアトランティック・レコードからライブ盤を発売している。

このフランスW杯でサッカー日本代表はW杯初出場を果たした。マレーシアのジョホールバルで開かれたアジア最終予選プレーオフでイランを下しての出場権獲得だった。この試合で僕が作曲した「翼をください」が応援歌として歌われた。日本代表は苦戦し、ギリギリの時間にゴールを決めての勝利で「ジョホールバルの歓喜」と呼ばれた。「ドーハの悲劇」と呼ばれた四年前のアジア最終予選では最後の何秒かでゴールを決められて出場を逃していただけに、歓喜の大きさもひとしおで日本中が熱狂した。僕も熱狂した一人だった。

それでなにがなんでもW杯の試合が見たくなり、家族を連れてパリへ飛んだ。その時パリにいたアーメットが日本食を食べたいと言うので、ホテル「ル・ムーリス」の裏にあった日本食レストランでスズキの刺身をごちそうしたらとても喜ばれた。

アトランティック・レコード創立四十周年記念コンサートが一九八八年、ニューヨークのマディソン・スクエア・ガーデンで開かれた際には僕も招待された。アーメットのタウンハウス近くのホテルに泊まっていたので、彼が迎えにきてくれて一緒にVIP席のど真ん中でコンサートを見た。過去にアトランティックに所属したアーティストが次から次へとステージに現れて演奏し、十三時間連続のコンサートになった。ＶＩＰ席には僕も親しくしていた俳優のマイケル・ダグラスをはじめ、ニューヨークのいわゆるジェットセッター（世界を飛び回る富豪）たちがアーメットに祝辞を述べるため入れ代わり立ち代わり顔を出した。

その頃がアーメットのキャリアの頂点だったが、現場から退いた後のアーメットとの付き合いものんびりして良いものだった。年に二度ほどロサンゼルスまでやってきて、僕や昔の仲間数人を夕食に招き、冗談を交えながら昔話をたくさんしてくれた。アーメットの冗談のレパートリーは二十ぐらいあって、何度も同じ話をするので昔からの仲間は筋書きを熟知しているのだが、年季の入った落語家の噺を聞くようで味わい深かった。

覚えているのはアーメットが売り出したポップスデュオ、ソニー＆シェールの話だ。ある日、シェールがアーメットに相談を持ちかけてきた。「クレオパトラの映画を作れないかしら。クレオパトラの役を演じたいの」。アーメットは「うーむ。それにはクレオパトラの遺産を管理している遺族と交渉しなくてはならないね」と答える。クレオパトラの遺産管理人などいるわけがないのだが、シェールは「連絡先を教えてください」と懇願する。それだけの話だが、アーメットが話すとおかしくて、誰もが腹を抱えて笑ってしまうのだ。

アーメットがひいきにしているレストランは昔からある古い店ばかりだった。『ドルチェ・ヴィータ（甘い生活）』というフェデリコ・フェリーニ監督の一九六〇年の映画と同じ名前のイタリアレストランでは九十歳のウエイターが働いていた。

ロサンゼルスで育った僕の娘の泰子がジョージタウン大学の外交学部に合格した。新入生は寮に入って大学生活を始める。いろいろと準備が大変だから、僕も妻と一緒にワシントンまで手伝いにいった。

入学式の前日、アーメットがジョージタウンの卒業生だということを思い出し、彼に電話した。二〇〇三年のことだ。外交学部のロバート・ガルーチ学部長を知っているかと聞いた。ガルーチはクリントン政権の国務次官補で北朝鮮の核問題を担当していた。北朝鮮に対して融和政策をとり、それが失敗だったと自ら認めたことで知られている。

アーメットは「よく知っているよ。私の友達だと言って話したらいい」と言った。僕は入学式で挨拶を終えて歩き去るガルーチを呼び止め、その通りに話したら即座に学部長室に招いてくれて三十分ほど話すことができた。

その後、ガルーチの部下が何度も電話をかけてきて寄付を頼まれた。アーメットのような富豪だと思われたのだろう。アメリカの大学の学部長は集金力がないと務まらないということを知った。

アーメットは引退後も毎晩のように自分の育てた音楽家のコンサートに足を運んでいた。少年時代、ワシントンのハワード劇場に通い詰めたのと同じように。

その中でもお気に入りはローリング・ストーンズのコンサートで、友人たちを連れてストーンズのワールドツアーを見て回っていた。僕はパリのコンサートに連れていってもらったことがある。楽屋には彼の友人が大勢集まってきて、パーティーのような状態になった。彼はそういう雰囲気が大好きで、いつもパーティーの中心にいた。

アーメットは二〇〇六年、ニューヨークで開かれたストーンズのコンサートに行き、楽屋で転んで意識不明になって病院に運ばれたが、そのまま亡くなってしまった。とても残念だったが、彼らしい最期だと思った。

アーメットをしのぶ会がニューヨークのリンカーンセンターのジャズ用のコンサートホールで開かれ、僕も出席した。フィル・コリンズ、スティーヴン・スティルス、エリック・クラプトンらが演奏し、ミック・ジャガー、ヘンリー・キッシンジャー(米元国務長官)がアーメットの思い出を語った。

その際、参加者に配られた小冊子を今でも時々見返すことがある。「ローリング・ストーン」誌の創設者で編集長のヤン・ウェナーが編集したもので、良い写真がたくさんあって懐かしい。その小冊子にアーメットの言葉がいくつか載っている。

「私のことを『アフリカ系アメリカ人の音楽の素晴らしさを世界中の人々に知らせることを少しだけ手助けした人だ』と思ってくれたらうれしいよ」

「自分の好きなことをやって一生を過ごせたらそれは素晴らしい人生だ」

アーメットは間違いなく素晴らしい人生を送ったと思う。

古垣鐵郎さん

アルファミュージックやアルファレコードの特別顧問を務めていただいた古垣鐵郎(ふるかきてつろう)さんは一九〇〇年生まれだから、もう生誕百二十年を超えている。もはや僕より若い世代にはご存じない方が多いだろう。是非とも古垣さんのことを書き残しておきたい。

古垣さんを紹介してくれたのはキャンティの川添梶子さんだった。一九七〇年の初夏、梶子さんから声をかけられた。

「お昼にキャンティにいらっしゃい」

梶子さんはその年の一月に夫の川添浩史さんを亡くしていた。

キャンティの二階で待っていると姿勢の良い紳士が現れた。

「この青年をよろしくお願いします」

梶子さんがペコンとお辞儀をした。僕は何がなんだか分からず、ボーッとしていた。梶子さんが頭を下げるのを見たのは、これが最初で最後だった。

僕は二人がいろいろと話しているのを横で見ながら「今まで見たことのない格好いい人

だな」と思った。古垣さんはまず服装から違っていた。日本の偉い人たちが着ている角張った背広ではなく、なんとも趣味の良い柔らかい線の洋服だった。

梶子さんがなぜ僕に古垣さんを紹介してくれたのか、今ならよく分かる。それまで僕の指南役は川添浩史さんだった。亡き夫に代わって、この村井という若者をご指導くださいと頼んだのだろう。しかし、まだ若かった僕は状況をよく把握できていなかった。

一週間ほど後に古垣さんから電話があり、上大崎のご自宅に招かれた。建築家の前川國男（一九〇五～八六年）が設計した簡素で美しい木造建築の家だった。玄関ホールに飾られた大判の本は、古垣さんが自らフランス語で詩を書き、フランスの画家ベルナール・ビュフェ（一九二八～九九年）が絵を描いていた。

「日本にもこんなことをしている人がいるのか」

と僕は驚いた。

古垣さんはＮＨＫ会長や駐仏大使などを歴任された方だが、詩人でもあった。いつもボソボソとフランス語をつぶやきながら詩を作っていた。

「あなたに楽譜を書いてもらいたいのですが」

後に古垣さんから意外な注文を受けた。「ド・ミ・シ・ラ・ド・レ」と階名まで指定された。もちろんお安い御用で、すぐに譜面を持っていった。最初の小節はすべて四分音符で「ド・ミ・シ・ラ」、次の小節は四分音符の「ド」、付点二分音符の「レ」とした。

数週間後、ご自宅に招かれた。

大谷石の門柱に掲げられた「古垣」の表札の上側に、横五十センチほどの金属製の五線譜が設置され、僕の書いた四分音符や付点二分音符などがすべて正確に配置されていた。

それにしても、なぜ「ド・ミ・シ・ラ・ド・レ」だったのか。

僕は階名とフランス語をかけた古垣さん一流のシャレだったのだろうと推理している。「ドミシラ」は「ドミシル（住まい）」、次の「ド」は英語の「オブ」に相当する前置詞、最後の「レ」は「レール（空気）」。

続けると「ドミシル・ド・レール」となる。

「レール」は「空気」というより、般若心経に出てくる「色即是空」の「空（くう）」に違いない。つまり古垣さんは自分の家を「空の住まい」と言っているのだ。

古垣さんのお宅を初めて訪ねた時にこう質問された。

「あなたはモンテスキューの『法の精神』を読みましたか」

僕は知ってはいるが読んではいないと正直に答えた。古垣さんは『法の精神』だけでなく、歴史的に重要な本はすべて原語で読んだそうだ。僕は「昔の人はよく勉強したのだなあ」と感心した。

長くお付き合いを続けるうちに、古垣さんの理念は若い頃にモンテスキューやルソーといった啓蒙思想家の著作を原語で熟読したところから始まったのだと分かってきた。人間は人種や性別や思想に関係なく、すべて自由で平等であると古垣さんは考えていた。

晩年は自由と平等を実現するために最も必要なのは愛であると言っていた。僕は古垣さんのリベラルな思考、毒舌、学生のような天真爛漫さに引かれ、年中一緒にいるようになった。

古垣さんも僕を様々な食事会に連れていってくれた。

政財官界で活躍する人たちの会員制社交クラブ「東京倶楽部」の昼食会、三井物産の社長や会長などを歴任した水上達三さん（一九〇三～八九年）をはじめ古垣さんの旧友たちとの食事会、銀座にあったフランス料理店「銀座マキシム・ド・パリ」、新橋駅前の小さな寿司屋、銀座の料理屋「出井」などだ。

日曜の昼下がり、上大崎近くの目黒駅から一緒に山手線で駒込の床屋まで出かけて、並んで髪を切ってもらいながら話を続けても話題は尽きなかった。

一九七一年、僕がアルファの特別顧問になってほしいとお願いすると、日本ユニセフ協会の会長を務めていた古垣さんは即答した。

「喜んでお引き受けしましょう。あなたもユニセフを手伝ってください」

それで僕はユニセフの評議員になった。会長と評議員という関係も生まれてますます一緒にいる機会が増え、ほとんど家族同然の間柄になった。

そのユニセフのために作曲した「美しい星」（作詞・山上路夫）という曲が、古垣さんと僕が一緒に手がけた仕事として今も残っているのがうれしい。

古垣さんは鹿児島県で生まれ、第一高等学校仏法科で学び、フランスのリヨン大学を出て一九二三年にジュネーブにある国際連盟の職員となった。計算がしやすいので助かるのだが一九〇〇年生まれの古垣さんは当時二十三歳だった。

第一次世界大戦に勝った日本は、世界の五大国（日、英、仏、米、伊）の仲間入りを果たしてパリ講和会議（一九一九年）に臨んだ。その時にウィルソン米大統領の提唱により、平和維持のための機構として国際連盟が創設された。しかし米国議会は孤立主義を捨てず、米国は国際連盟に参加しなかった。

日本は常任理事国（日、英、仏、伊）として国際連盟を運営する重要な国になっていた。若い古垣さんは大きな夢と理想を抱いて国際連盟で仕事を始めたのだと思う。国際連盟の初代事務次長は『武士道』の著者として国際的に知られ、第一高等学校の校長も務めた新渡戸稲造（一八六二〜一九三三年）だ。古垣さんの直接の上司が新渡戸だったのである。

ところが古垣さんは一九二九年に国際連盟を辞めて朝日新聞社に入社する。連盟の理想と現実の乖離に失望したことが理由だった。

現在の国際連合が日本の安全保障理事会常任理事国入りを拒否しているのは、いまだに第二次世界大戦の戦勝国の利害が反映されているからだ。

国際連盟も国際連合も崇高な理想を掲げてはいるが、運営者の利害によって中途半端なものになってしまう。それは今も変わらないわけだが、僕は国際連合などなくてもいいとは思っていない。たとえ部分的にでも理想が実現するのなら、それでいいと思うのだ。

第一次世界大戦後の一九二〇年代、ヨーロッパ諸国や日本は経済不況で苦しんだ。米国も一九二九年の大恐慌以来不況に突入し、どの国も生き延びるために必死だった。

日本は満州に生き残りの道を求めたが、満州事変を問題視した国際連盟はリットン調査団に調査を命じた。ジャーナリストに転じた古垣さんは記者として調査団と行動を共にし、一九三三年に日本が国際連盟から脱退した有名な現場も取材している。

古垣さんはこの時の事情を『ジュネーヴ特急』（一九三三年）という著書に記し、黒いカラスも「白い」と言うような中国のプロパガンダを嫌いながらも、日本の軍部にも寒心を覚え、一方で連盟内部の日本に対する認識不足にも焦心したと明かしている。

次に古垣さんは朝日新聞のロンドン通信局長としてロンドンで勤務した。当時の駐英大使松平恒雄（一八七七〜一九四九年）は一高の先輩で仲が良く、大使館には木戸御免で自由に出入りできたようだ。

次の駐英大使は吉田茂（一八七八〜一九六七年）。松平も吉田も親英米派だったが、日本はドイツとの同盟に向かって突き進んでいく。暗い時代だったわけだが、このロンドン勤務時代には古垣さんにとって少しだけ明るい話がある。プリンス・オブ・ウエールズ

(一八九四〜一九七二年、後の英国王エドワード八世、退位後はウィンザー公)と交友関係を持つようになったのだ。行きつけのレストランでしばしば会い、言葉を交わしたという。

その頃、国際連盟で新渡戸稲造の後任の事務次長だった杉村陽太郎が国際オリンピック委員会(IOC)委員に就任し、オリンピックの東京招致のために奔走していた。この間の事情はNHKの大河ドラマ『いだてん〜東京オリムピック噺〜』(二〇一九年放送)に描かれている。

杉村がロンドンを訪れた一九三六年、古垣さんはそのレストランに杉村を連れていき、プリンス・オブ・ウエールズを紹介する。プリンス・オブ・ウエールズはオリンピックの東京開催を応援するようになった。

プリンス・オブ・ウエールズは一九二四年のパリ・オリンピックが舞台となる映画『炎のランナー』(一九八一年)にも登場する方で、オリンピックの開催に強い影響力を持っていた。

結局、一九四〇年の東京オリンピックは戦争が近づいたこともあって実現しなかったが、一九六四年の前に「幻の東京オリンピック」があったことは後の人たちに伝えておかなくてはならないと僕は思っている。その意味でも『いだてん』は有意義かつ面白いドラマで、毎週楽しみに見ていた。

古垣さんは一九三七年に帰国して朝日新聞の欧米部長、編集局次長、続いて同社の戦時資料調査研究室（戦後「調査研究室」と改名）の室長を務めた。同室は内外の情報を集めて研究する部門で、機密情報がたくさんあったそうだ。

古垣さんは重要な情報をまとめた文書をロンドン時代から親しくしていた松平恒雄や吉田茂、すでに長老だった幣原喜重郎ら親英米派の人たちに配布していた。

吉田は憲兵隊に「ヨハンセングループ」（吉田反戦グループ）としてにらまれていて、一九四五年四月に逮捕された。古垣さんがヨハンセングループの一員として働いていたか確証はないが、戦争終結に何らかの役割を果たしたに違いないと僕は思っている。

国際連盟脱退以降、日本は孤立の道を歩み、結局敗戦を迎えた。古垣さんは戦後の連合軍占領下、ＮＨＫの副会長、後に会長を務める。外からは連合国軍最高司令官総司令部（ＧＨＱ）と日本政府、内からは労働組合がいろいろと言ってくる。そんな中の会長職はさぞや大変だっただろう。

古垣さんは頑張ったらしい。無理難題を言ってくるＧＨＱや日本政府に「ＮＨＫはＧＨＱや日本政府にも責任を負っているが、聴取者である日本の国民にもっとも大きな責任を負っている」と反論した。つまり民主国家日本では聴取者が第一に重要であるということだ。

一九五四年、ＮＨＫラジオの番組、三木鶏郎の『ユーモア劇場』が造船疑獄事件（海運業界と政府・与党の間の贈収賄事件）を取り上げたのに対し、当時の吉田政権の幹事長で疑獄の渦中にいた佐藤栄作（一九〇一～七五年）から圧力がかかった際も、会長の古垣さんは吉田総理、佐藤幹事長と論争して自説を譲らなかった。

古垣さんは女性の社会進出を積極的に応援し、ＮＨＫではいくつかの重要なポストに女性を登用した。この頃の逸話で僕が好きなのは古垣さんがシャンソン歌手の石井好子さん（一九二二～二〇一〇年）に語った言葉だ。

石井さんは戦後間もなく離婚を経験した。当時、離婚した女性は何か悪いことでもしたかのようにさげすんだ目で見られていた。古垣さんは石井さんにこう声をかけた。

「離婚は女の勲章ですよ。苦しみを乗り越えたのだから堂々と胸を張って生きていってください」

それを受けて石井さんは次のように書き残している。

「その言葉はどんなにありがたく温かく私の心をつつんでくれたか」

メディアに対する感覚も優れていた。米国のフランクリン・ルーズベルト大統領がラジオ放送「炉辺談話」で直接国民に訴えかけたやり方を早くから評価し、新聞社出身でありながら放送メディアの重要性をいち早く認識していた。さらにテレビ放送が社会を大きく変えることを予見して、テレビ放送開始に向かってまい進した。

一九五三年にＮＨＫ総合のテレビ本放送が始まったのを花道にして五六年にＮＨＫ会長

を退き、その翌年に駐仏日本大使としてパリに赴任した。

パリでは着任早々、一九二〇年代に駐日フランス大使を務めた劇作家で詩人のポール・クローデル（一八六八～一九五五年）の墓参りに出かけ、墓前でクローデルの詩を吟じて現地の新聞に「文人大使来れり」と報じられた。芸術を深く理解している古垣さんは歓迎され、フランス人に愛された。

大使の頃の実績は数々あるが、僕としては敗戦時にフランスに取り上げられてしまった「松方コレクション」（実業家の松方幸次郎が大正から昭和初期にかけて収集した美術品の一大コレクション）の返還を実現させたことが最も印象深い。一九五九年のことだ。

返還式にはアンドレ・マルロー文化相、クーブ・ド・ミュルビル外相、大使の古垣さんが出席して返還文書に署名した。

この返還は一九五一年に米サンフランシスコで行われた対日講和会議の際に吉田首相とシューマン仏外相との間で話し合われたのだが、フランス側の事情で延び延びになっていた。フランスの国内問題、アルジェリア問題などが山積していて、議会の承認が得られなかったのだった。

そこでシャルル・ドゴール大統領が「鶴の一声」の政令を発し、返還が決まった。古垣さんはドゴール大統領と特別な関係を築き上げていて、大統領が最も信頼する日本人になっていたのである。

二人の友好関係がなければ、この返還はもっと遅れていただろう。ドゴール大統領との関係構築には、国際連盟時代の同僚ルイ・ジョックス外務次官の応援があったと古垣さんが僕に語ってくれた。

ルイ・ジョックスは第二次世界大戦中にドゴール大統領の部下として「自由フランス」北アフリカ臨時政府で活躍した人だ。

僕は一九七〇年代前半、古垣さんに連れられて駐日フランス大使のルイ・ド・ギランゴーの私的な夕食会に行ったことがある。古垣さん、麻生太賀吉・和子夫妻（麻生太郎元首相の両親。太賀吉氏は麻生セメント会長、和子さんは吉田茂の三女）、ド・ギランゴーだけの静かな夕食会だった。

ド・ギランゴー大使は後にフランス外務大臣になった人だが、第二次世界大戦中は「自由フランス」の戦士として北アフリカでドイツのロンメル将軍の猛攻に最後まで屈しなかった勇士で、ルイ・ジョックスの上司だった。ドゴール大統領は自分の最も信頼している部下たちからの推薦で古垣さんと付き合い始めたのだ。古垣さんの理想主義的なところがドゴールに気に入られたのだと思う。

古垣さんは吉田茂や岸信介、三木武夫らをドゴール大統領に紹介し、対談に一人立ち会って通訳の任を果たした。大使を辞任した後も池田勇人や佐藤栄作らに頼まれ、彼らをドゴールに推薦した。

ＮＨＫ会長時代、三木鶏郎の『ユーモア劇場』に圧力をかけてきた佐藤栄作とはその後仲直りしたらしく、日本経済新聞に連載した「私の履歴書」（一九七六年）で「佐藤氏とは逆に昵懇の度を深めて終始した」と明かしている。

大使を辞めた後の一九六二年にはカンヌ国際映画祭の審査委員長を務めている。カンヌ映画祭の審査員は映画界のみならず、文学者や評論家、画家、詩人などから選ばれるのだが、古垣さんは詩人ということで選ばれたのかもしれない。

その後、日本ユニセフ協会会長に就任する。ユニセフの仕事を熱心に続けながら、時折パリやジャージー島に旅をされていた。

僕が作曲した「美しい星」をフランスの児童合唱団ポピーズが歌い、バークレイ・レコードが発売した時、パリのマキシムでお披露目パーティーを開いたのだが、古垣さんはとてもうれしそうな顔をして子供たちやエディ・バークレイらと話されていた。マキシムにはいろいろな思い出があったのだろう。

僕には何にも言わなかったが、古垣さんは糖尿病を患っていた。生前葬のようなことをやり、持っているワインを「全部飲んでもらう」とホテルオークラの宴会場に友人を集めてパーティーを開いた。ご自身は全くワインに口をつけず、友人たちが楽しく飲んでいるのを眺めてニコニコされていた。「自分の葬式に来てもらったって、話はできないからね」とうれしそうに話してくれたのを覚えている。

晩年は身辺を整理され、蔵書はすべて玉川大学に寄贈した。上大崎の家に残されたのは愛犬若宮三郎の小さな銅像だけになった。その空っぽになった家で何度か話した。だんだんやせて、最初にお会いした時と比べると体全体が小さくなったな、という印象を受けた。古垣さんは一九八七年三月、脳こうそくで逝去された。八十六歳だった。

古垣さんの生きた時代は、国際社会における日本の地位の上昇、転落と復活の時代だったといえるだろう。今、日本の地位は再び低下している。古垣さんの体験は、日本の将来の参考になるに違いない。この文章がその一助になれば幸いだ。

辻静雄さん

一九七〇年だったか一九七一年だったか正確には思い出せないが、アルファの顧問をお願いしていた音楽評論家の安倍寧さんから「辻静雄(つじしずお)さんの調理師学校で一緒に食事をしよう」と誘われた。羽田から午後の便で大阪に飛び、食事が済んだら夜の便でとんぼ返りしてこようという計画だ。

振り返ってみればずいぶんあわただしいスケジュールだが、当時の日本では誰もが忙しくしていた。僕は「ご一緒します」と即答した。

安倍さんがどうして辻さんと知り合ったのかは聞いていないが、お二人とも一九三三年、酉年の生まれだ。安倍さんが慶應義塾大学の仏文、辻さんは早稲田大学の仏文出身だから、フランスつながりかもしれない。

余談になるが、僕には自分と同じ酉年生まれの先輩がたくさんいる。一回り上は安倍さん、辻さんのほか、安倍さんの同級生で演出家の浅利慶太さん、映画監督で俳優の伊丹十三さん、二回り上にはソニー創業者の一人盛田昭夫さんがいる。伊丹さんの奥様で女優の宮本信子さんは僕と同じ一九四五年の酉年で、伊丹さん、信子さん、僕の三人合わせて「サントリー」などと冗談を言ったものだ。

五十年余り前の辻さんの食卓は暗い記憶のトンネルのはるか彼方にある。二十五ワットの電球にぼんやりと照らされたモノクロームの世界だ。

天井の高い書庫の一画に食卓がある。十数人がゆったり座れる上等なテーブルだった。きっと良いワインや食事が供されたのだろうが、その頃の僕はほとんど酒を飲まなかったし、上等なフランス料理を食した経験も乏しかった。まさに未知との遭遇だったから、美味しかったか、不味かったかと問われれば、もちろん美味しかったと答えるが、よく分からなかったというのが本当のところだ。音楽も同じで「ある程度経験を積んで勉強しなければ音楽の良さは分からない」と指揮者で作曲家のレナード・バーンスタインも言っている。

食後に辻さんが料理の解説をしてくれた。「ルイ十六世が食べた料理を当時のフランス料理の本に基づいて再現しました」と日本語でひと通り説明した後に「ジュ・ヴ・ゼクスプリック～（ご説明いたします）」とフランス語で同じことを繰り返した。

ああ、こんなことを研究している人がいるのか。なるほど、この大きな書庫に並んでいるのは古い料理について書かれた書物なのだな……と感心したのを覚えている。

その後、書庫のソファーで辻さんと差し向かいになった。僕は一九六九年にパリを訪れた体験を話した。自分にとって初めての海外がパリで、カルチャーショックが大きかったのか、最初の三日間は興奮して夜も眠れませんでしたと打ち明けると「私もそうだったよ」と辻さんは笑った。僕はその率直な話し方に大きな魅力を感じた。

辻さんと話をするのが楽しみで、何度か大阪まで足を運ぶうちに、少しずつ辻さんのことが分かってきた。早稲田の仏文を出て大阪読売新聞の記者となり、取材先で辻勝子さんに一目ぼれして結婚（もともと勝子夫人の姓も同じ「辻」で、辻さんの方が婿に入った）し、割烹学校を経営していた義父から「フランス料理を研究して調理師学校をつくってほしい」と依頼された。金はいくら使ってもかまわないから一流のフランス料理を研究してきてくれと言われたそうだ。

辻さんはヨーロッパ各地の有名レストランを訪ね歩き、料理に関する本を買いあさった。やがてフランス料理界に人脈を築き、特に伝説的な名シェフのポール・ボキューズとは兄弟のような間柄になる。辻さんの学校でフランス人シェフが教えるようになったのも、その人脈のたまものだ。

辻さんが折に触れて安倍さんや僕のような客人を学校に招いて夕食会を開いていたのは、フランス人や日本人の教授たちのためでもあった。たまには客を相手に料理を作らないと、教えてばかりでは腕が鈍ってしまうのだそうだ。食事会が終わると、いつも辻さんが解説し、料理の責任者をテーブルに呼んで講評していた。

そのうち東京でも食事会が開かれるようになった。辻さんが東京・目黒の青葉台にアパートを買い、東京と大阪を行き来し始めたからだ。さらに夏は軽井沢で過ごすようになり、食事会の場所は軽井沢にも広がった。結果的に僕が食事会に参加する機会は飛躍的に増えていった。いったい何度お邪魔したのか数えたことはないが、少なく見積もって一年に三回としても二十年で六十回の計算になる。実際はもっと多かったに違いない。

辻さんはある時期から日本料理を研究するようになった。対象は料亭「吉兆」の創業者、湯木貞一さんの料理だった。高麗橋（大阪）や築地の吉兆に月曜から金曜まで毎日予約を入れ、ひたすら食べていた。湯木さんと連れ立ってヨーロッパに行ったり、共同で本を出版したりもしていた。

たまに「村井君、来るかい?」とお誘いの電話があり、何度か吉兆でごちそうになったこともある。アルファと提携していたA&Mレコードの共同会長ジェリー・モス（食べるのが大好き）を連れて京都を訪れた際も、高麗橋の吉兆に招いてくれた。道路が渋滞して遅れてはいけないからジェリーと二人で大阪まで電車で行った。辻さんは日本料理と季節や器との関係についてジェリーに解説してくれた。

ホテルオークラの「山里」（和食）など他の名店にも連れていってもらったが、とにかく辻さんと一緒に食事をするのは大変だった。揚げたてのてんぷらが出てくると、辻さんはあっと言う間に平らげてしまう。「料理は出された時がいちばん美味しい。さっと食べなければ作った人に申し訳ない」と辻さんは平然としていたが、まねをすれば確実にやけどをしてしまう。ある時、鯛のかぶと煮をきれいに食べられたので辻さんに見せると「料理人は骨が真っ白になるまでしゃぶっているよ」と言われて感心した。ただし僕にはそこまでの執念はない。

辻さんは客をもてなす際の料理の手順を教えてくれた。食事の時間から逆算して料理を始めるのだ。何日も前から準備に取りかかり、アイスクリームなどデザート類は到着の数時間前から支度する。だから時間通りに来ない客は悪い客なのだそうだ。その話を聞いて以来、食事会には時間厳守で行くようになった。

そんな付き合いを続けていたから、辻さんの食卓に出る料理がどれほど素晴らしいものかだんだん分かってきた。特にワインが好きになった僕はいろんな本を読みあさって銘柄も少しずつ覚えていったのだが、それまで辻さんが出してくれたのは普通では飲めない代物ばかりだったと気づいて天を仰いだ。辻さんの食卓で定番の白ワインはブルゴーニュ産のコルトン・シャルルマーニュだったが、何かの折にロマネ・コンティが出てきたことがあって驚いたのを覚えている。

他にどんな客がいたのか最初の十年ぐらいはほとんど覚えていない。サントリー創業家の鳥井信一郎さん（上品な方だった）、文学者では山崎正和さんや丸谷才一さんらが頻繁に訪れていたから僕もお会いしているはずなのだが、記憶があやふやになっている。

山崎さんには世阿弥についてご教示いただきたくてホテルニューオータニでお話をうかがったのはよく覚えているが、これも辻さんが口添えをしてくれたのだと思う。世阿弥を主人公にしたミュージカルを作ろうと思いつき、いくつかの質問に答えていただいたが実現できなかった。

軽井沢の食事会の後、まだ新幹線が通る前の在来線で上野駅までご一緒したのは丸谷さんだったと思うのだが、これも定かではない。

記憶というのは不思議なもので、いくつかの食事会のことははっきりと覚えている。一九八八年に映画『ブラック・レイン』の撮影のため主演のマイケル・ダグラス（僕の友人だ）と監督のリドリー・スコットが来日し、大阪でロケをすることになった。マイケルがロケの弁当に飽き飽きしたと言うので、辻さんに電話すると「連れておいで、ごちそうしてやろう」との返事。この時は大阪のご自宅でごちそうになったと思うのだが、これもまた定かではない。

マイケルたちは美味しい料理で元気になったようで「三宮の商店街でロケをやっているから見にこないか」と誘われ、三宮まで足を延ばした。駅の近くでタクシーを降り、ロケ地を探しながら雑踏を歩いていたら、高倉健さんの姿を見つけた。コートの襟を立て、ビルの陰に隠れるように立っている。「いやー、健さん。お久しぶりです」と声をかけると、健さんは困った顔をした。交差点の向こうに監督のリドリーとカメラが見えて「あれっ？」

と思ったが、後の祭りだった。健さんがマイケルを追跡するシーンを撮っていたのだ。礼儀正しい健さんは、後で「さっきは失礼しました」と言ったが、こちらの方が恐縮してしまった。健さんとは、健さん主演のドラマ『あにき』（一九七七年、ＴＢＳ）の音楽を手がけたのをはじめ、いろいろとご縁があった。

軽井沢で忘れられないのは建築家の磯崎新さん、彫刻家の宮脇愛子さん夫妻、磯崎さんの友人で、磯崎夫妻の軽井沢の家の隣人でもあった作家の辻邦生さん夫妻、当時軽井沢に住んでいたエッセイストで画家の玉村豊男さん夫妻との会食だ。僕も妻と一緒に参加した。ジョークが飛び交う楽しい夜で、僕は見たばかりのアメリカの野球映画の話をして、食後も笑いが絶えなかった。

辻さんが目指していたのは、美味しい食事と会食者が楽しく過ごせる時間だった。その意味で、あの夜が僕にとって最高の会食だった。うんと盛り上がったものだから、愛子さんが辻静雄さん夫妻と僕たち夫婦を磯崎家に招いてくれて、愛子さん手作りのヴィーガン料理（菜食主義料理）をいただいたのを思い出す。辻さんを食事に招待する勇気を持った人は愛子さん以外に知らない。その時に出たごま豆腐を見て、辻さんが「こんな黒いごま豆腐は初めて見た」と言った（これは妻の記憶による）。

辻さんとの付き合いは二十年ほどだったが、後半の十年は僕と同年代の友人たちもたびたび招待された。電通専務を務めた高橋治之、ブルガリア大使を務めた竹田恒治、日の丸自動車の富田泰輔、実業家の広瀬篁治、アルファ・キュービック創立者の柴田良三といった面々だ。柴田はイタリア・ベネチアのレストラン「ハリーズ・バー」で辻さんと偶然知り合って意気投合したらしい。辻さんの奥様の勝子さんが「最近は若い人たちと過ごすのが好きになったようです」と話してくれた。高橋はラスベガスで行われたマイク・タイソンの試合に辻さんを招待し、非常に喜ばれていた。後で聞いた話だが、辻さんはボクシング部に在籍したことがあるという。確かに体格はがっちりしていた。辻さんは意外に硬派なのだ。

さらに記憶の話をすれば、具体的にどんな料理をごちそうになったのか、あまり記憶にないので我ながら驚いてしまう。よく覚えている唯一の料理はコンソメスープだ。辻さんが作り方を教えてくれたのだが、僕にとっては気の遠くなるような時間と手間のかかる料理だ。今でも口の中でかみたくなるようなコンソメスープの記憶が鮮明によみがえる。料理に関してはあいまいなのに、食後のことはよく覚えている。前菜、魚あるいはそれに準ずる料理、口直しのシャーベット、肉あるいはそれに準ずる主菜の後、六種類のデザートが出る。美味しいから全部平らげて満腹になり、もうこれ以上食べられないといったんは思うのだが、食後酒を片手に一時間ほど歓談していると、胃袋が「もう一回食べられる」と主張し始めるのだから摩訶不思議だ。

辻さんの趣味は音楽だった。クラシック音楽の知識は玄人はだしで、音響装置にも凝っていた。僕の友人のジャズピアニスト菅野邦彦の兄で、音響評論家の菅野沖彦さんが辻さんの音響装置のアドバイザーだった。晩年は盛田昭夫さん夫妻とオーストリアのザルツブルク音楽祭やドイツのバイロイト祝祭劇場などに通っていた。東京のアパートには良い音のするグランドピアノが置かれていて、僕も時々弾かせてもらった。ユーミンを食事会に連れていった時は、彼女がこのピアノで「あの日にかえりたい」を弾き語りしてくれた。食事会の常連だった中村紘子さんもこのピアノを弾いたかもしれない。

僕はごちそうになるばかりで、なにもお返しができないので、自分の好きなレコードを持っていくこともあった。その中で辻さんが気に入ってくれたのがエロール・ガーナーの『コンサート・バイ・ザ・シー』だ。一九五五年にカリフォルニア州のカーメル・バイ・ザ・シーで実況録音されたジャズの名盤で、中に入っている「枯葉」を繰り返し聴いていた。辻さんの愛機は「パラゴン」という奇妙な形をしたＪＢＬ社の大きなスピーカーで、実に良い音がした。

辻さんにとって心安らぐ食事は行きつけの寿司屋のランチで「本を書いて稼いだお金はすべて寿司に注ぎ込んでいる」と言っていた。よほどお好きだったようだ。

前述した僕と同年代の客人のために「黄金」プランを作り、大阪のご自宅に招いてくれたことがある。まず神戸でゴルフをやり、辻家で夕食をいただき、一泊して翌日のお昼に出かけるのが、その辻さんお気に入りの寿司屋だった。最後に美味しい寿司をいただいて東京に帰る。まさに「黄金」の名にふさわしい豪華なプランだった。

辻さんの人柄は謙虚で、権威を笠に着るような人物は徹底的に嫌っていた。読書量は膨大で、書物の言語も日、仏、英のほか、ラテン語、ギリシャ語まで幅広かった。だから会うたびに「今なにを読んでいるのですか」と聞くのが習慣になった。亡くなる前、最後に尋ねた時は『フランス革命クロニクル』というフランス語の本で、革命期間の毎日の記録だと答えてくれた。「読んでもすぐ忘れるようになって、なぜ読んでいるのか分からないが読み続けている」と話していたのが印象深い。

辻さんの業績は明治以来、西欧文明を日本に紹介してきた偉人たち、例えば文学でいえば森鷗外や夏目漱石に匹敵するのではないか。

ブリヤ・サヴァランの美食学の古典『美味礼讃』について、辻さんが晩年、岩波市民セミナーで行った連続講義を一冊にまとめた『ブリヤ・サヴァラン「美味礼讃」を読む』の「あとがき」によると、フランス料理の技術が頂点を極めたのは十九世紀半ばで、戦間期の一九三〇年前後にもう一度極めて洗練されたところまでたどり着いたらしい。辻さんがフランスに行って研究を始めた一九六〇年ごろにはまだそういう優れた技術がうっすらと残っていたが、その後なんでもありの流行を追いかける料理が盛んになり、技術的には衰退していったのだそうだ。ということは、僕が辻家の食卓でいただいてきたのは技術の水準が高かった頃の料理だったのだろうか。辻さんは「あとがき」をこう結んでいる。

「こうして世の中は変ってゆき、人は昔のことを懐かしみ、そして忘れていく」

梁瀬次郎さん

僕は一九七二年、輸入車販売会社ヤナセと五〇%ずつ出資して、アルファのレコーディングスタジオ「スタジオA」を運営する会社「アルファ&アソシエイツ」を設立した。社長は僕が務め、会長に就任したのが梁瀬次郎（やなせじろう）さんだった。当時梁瀬さんは五十代半ば、僕はまだ二十代後半だった。この会社が発展して七七年にアルファレコードが誕生する。

梁瀬さんの還暦祝いの会の引き出物に、梁瀬さん自身が歌う「マイ・ウェイ」のEP盤を作ろうと僕が提案し、早速レコーディングすることになった。僕の父がそうであったように、父と同世代の梁瀬さんは米国のポピュラー音楽が大好きで、機嫌のいい時は「ダイナ」や「マイ・メランコリー・ベイビー」などを歌っていた。

編曲を服部克久さんにお願いし、ユーミンのデビューアルバム『ひこうき雲』のディレクターを務めた有賀恒夫に現場を担当してもらった。レコーディングはもちろんスタジオAだ。梁瀬さんはうれしそうに歌った。EP盤の引き出物は大好評で、株式会社ヤナセが音楽事業に進出したことを世に知らせるうえでも良い企画だったと思う。

梁瀬次郎さんの名前は学生時代から知っていた。仲のよかったピアニストの乾宣夫さんが梁瀬さんの異母弟だったからだ。

乾さんはキャピトル東急ホテル（当時）にあった名物バー「李白（リポ）バー」でピアノを弾き、TBSラジオの番組（提供はヤナセだった）で絶妙に面白くて洒落たピアノの弾き語りをしていた。年中一緒に食事をして、いろいろなことを教えてもらった。乾さんは必ず自分の弾く曲のオリジナル楽譜を手に入れて研究していた。原曲の良さを十分に理解したうえで演奏しなければならないと教えてくれた。そんな話の合間に兄の次郎さんのことも話してくれたのだ。きっと兄弟の会話では、僕のことも話題にしていたに違いない。

そんな経緯もあって、梁瀬さんとは会った当初からウマが合い、すぐに何でも話せる間柄になった。年齢の差は三十歳近くあったが、友達や仲間のような感じだった。

ヤナセの前身は、梁瀬さんの父梁瀬長太郎さんが始めた梁瀬商会だ。三井物産機械部に勤務していた長太郎さんが独立し、三井から輸入自動車と輸入鉱油類の販売権を譲り受け、日比谷公園前にあった店舗と工場を借りて営業を始めたのだった。

ヤナセは戦前からゼネラル・モーターズの代理店だったが、梁瀬さんの代になってフォルクスワーゲンやメルセデス・ベンツを独占的に輸入販売する権利を得て大成功する。後年フォルクスワーゲンもメルセデス・ベンツも自社の日本法人を設立したためヤナセは独占権を失って独立を維持できなくなり、現在は伊藤忠商事の傘下に入っている。

梁瀬さんはそういうこともあり得ると早くから危機感を持っていたから、自動車以外の事業に参入しようと考えたのだった。特にファッションや音楽、映画は自分が好きだからということもあってヤナセの新部門として育てていきたかったのだろう。

梁瀬さんはどこへ行くにも僕を連れていった。その頃梁瀬さんはソニー創業者の一人の盛田昭夫さんと仲が良く、一緒に「アンフィクラブ」という親睦会を作っていた。月に一度の例会は銀座五丁目にあった文藝春秋のビルの小さなバー「アンフィクラブ」で開かれていた。バーの名前をそのまま親睦会の名称にしていたのだ。オムロンの立石一真さん、ワコールの塚本幸一さん、雑誌「財界」の山口比呂志さんらが集まっていた。梁瀬さんに「君もメンバーになりなさい」と言われて加わった。

そこで知り合った山口さんに頼まれて「財界」に寄稿した。音楽著作権などの著作権は文明国である日本ではもっと尊重されるべきだとか、外国との経済摩擦は大変だがしょせんお金の話だから話し合えば解決策が出てくるはずだが、宗教などがからむ文化摩擦はもっと複雑で解決は難しい……などと書いた。

梁瀬さんは「じろう会」という会も主宰していて、自身と同じ「じろう」というファーストネームを持つウシオ電機の牛尾治朗さん、芝パークホテルの犬丸二郎さんらと定期的に夕食会を開いていた。ここにも僕を連れていってくれた。

これが縁で牛尾さんとは長いお付き合いになった。ご夫妻でロサンゼルスの僕の自宅を訪ねてこられ、庭で夕食を共にしたり、正月には軽井沢のホテル鹿島ノ森でお会いしたりした。

犬丸さんは僕の両親が住んでいた文京区小日向の家の裏にあったお寺の住職と同級生で、その方から僕の話をいろいろと聞かれていたらしく、すぐに仲良くなった。共通の知り合いがいると、人は親しみを感じるようだ。その住職はもともと伊勢丹に勤めるサラリーマンだったのだが、亡くなったお兄さんに代わって僧侶になったという経歴の持ち主で、週末は箱根の芦ノ湖で水上スキーをやるモダンな人だった。

外交官の岡崎久彦さんとも「じろう会」で知り合った。岡崎さんは特に牛尾さんと仲が良く、旧ソ連のミサイルの配置などについて詳細にレクチャーしていた。牛尾さんがメモを取りながら熱心に耳を傾けていたのを覚えている。

岡崎さんは僕が学生時代にやっていたピアノトリオのドラマーでベルギー大使などを務めた佐藤俊一さんの上司に当たり、一緒にゴルフをしたりして仲良くさせていただいた。岡崎さんが書かれた近代日本外交史の連作評伝『外交官とその時代』シリーズ（陸奥宗光、小村寿太郎、幣原喜重郎、重光葵、東郷茂徳、吉田茂）は僕の座右の書になっている。

岡崎さんは晩年まで気功の先生の下に通っていた。僕も何度かご一緒した。岡崎さんは難病にかかり、西洋医学の医者に見放されたから、中国にいる部下たちに鍼や気功などの名人のリストを作らせ、片っ端から訪れて良い先生を探し当て、病気を克服したと話してくれた。一緒に習った気功の先生は、その中国人の治療師の流れをくむ人だった。

一九九〇年代のロサンゼルス総領事で、後に外務次官や国家安全保障局長を務める谷内正太郎さんと仲良くなったのも、岡崎さんが谷内さんに気功を勧めたことが発端だった。谷内さんは毎週一回、総領事公邸で気功を習うようになった。先生は日本人で、やはりくだんの中国人の流れをくむ人だった。谷内さんから「村井さんも一緒にいかがですか」と誘われて、ある時は二人で、またある時はお互い夫婦そろって四人で気功をやることになった。

気功というのは一種の体操で、呼吸法を教えてくれる。禅の呼吸法に似ていると僕は思っている。岡崎さんも谷内さんも僕の作曲家生活四十周年記念パーティーに来てくれて、一緒に写真に収まっている。

このほかにも梁瀬さんを通じて知り合った人はたくさんいるのだが、中でも三井家の十一代当主三井八郎右衛門さん（三井高公氏）のことは忘れられない。ヤナセはもともと三井から独立して生まれた会社だから、梁瀬さんはとりわけ三井家を大事にしていて、ヤナセの子会社ＴＣＪ（テレビコマーシャルやアニメの制作で知られる会社。アルファの「スタジオＡ」はＴＣＪがつくった田町駅前の映画スタジオの上階に開設した）に八郎右衛門さんを役員として迎えていた。僕はＴＣＪの役員ではなかったのだが、梁瀬さんが「君も役員会に来なさい」というので出席した。

梁瀬さんより二十歳ほど年上の八郎右衛門さんは大柄でいつもゆったりとされていて、優しい人柄が自然ににじみ出てくる魅力的な方だった。会議中はほとんど発言されず、決算案の承認の際に一言「異議なし」と言われた。梁瀬さんが「最近はどんな番組をご覧になりますか」と尋ねると「水戸黄門です。話が分かりやすくてくたびれない」とおっしゃった。会議が終わると、お茶と一緒に出されていたミカンを上着のポケットに二つ入れてお帰りになった。今でも覚えているのはよほど印象が強かったのだろう。

梁瀬さんはアルファの日常の仕事については一切口を出さず、僕に任せきりだったが、海外進出など大きな決断が必要な時や、僕が猛進しすぎて転びそうになった時には意見を言ってくれた。

例えば、アルファが一九八一年に発売したタモリの三作目『タモリ3―戦後日本歌謡史―』に対して、日本音楽著作権協会（ＪＡＳＲＡＣ）理事長の芥川也寸志さんがクレームをつけてきた時もそうだった。このアルバムの曲は戦後の名曲のパロディーなのだが、ＪＡＳＲＡＣは「著作権侵害だ」との立場をとっていた。芥川さんは尊敬する作曲家だが、僕は血気にはやって法廷で決着をつけてもいいかなと思った。ところが梁瀬さんが「やめておきなさい」とブレーキを踏んでくれた。僕はＪＡＳＲＡＣの要請を受け入れてこのレコードの販売を中止した。振り返ってみれば正しい判断だったと思う。

アルファが米国に進出する際、ヤナセの社内や当時のメインバンクの第一勧業銀行には

「危険すぎる」と反対する人も多くいたのだが、梁瀬さんは「事業を動かしていけば、お金はついてくるよ」と背中を押してくれた。しかし結局、お金はついてこなかったのでアルファ・アメリカの事業は撤退することになり、僕自身もアルファから去ることになったのだが、それ以降も梁瀬さんやご家族との交流は続き、今でもお孫さんたちと連絡を取り合っている。

梁瀬さんは世界中の人たちが、一回会っただけで「この人は偉人だ」と思ってしまう風貌をしていた。実際に本田宗一郎さんや豊田英二さんらに続いて米国自動車殿堂入りを果たした偉人なのだが、僕は毎日のように会って慣れ親しんでいたせいか、そんなに偉い人だとは思っていなかった。ところが一緒に欧米を旅すると、外国人たちがこぞって梁瀬さんを偉人扱いする。その様子を見て「やっぱりそうなのか」と認識を新たにした。奥様の富美さんにそのことをお話しすると「そうなのよ。あの方のすごいところは外国の人が皆、偉人だと思ってしまうところなのよ」とおっしゃった。

ヤナセは毎年、帝国ホテルの大宴会場で取扱商品を紹介する展示会「ヤナセ　ハイグレードフェア」を開いていて、僕も毎年見にいっていた。ある時、休憩時間に梁瀬さんと地下の寿司屋のカウンターで寿司をつまんだのだが、職人さんが大汗をかきながら真っ赤な顔で握っているのを見て「そんなに緊張しなくてもいいのに」と思った。職人さんは梁瀬さんの容貌に圧倒されていたのだ。

梁瀬さんの好物はメンチカツで、ヤナセ本社近くの芝浦にあったパッとしない古い洋食店でよく一緒に食べたものだ。「高級なフランス料理がいいという人もいるが、食べ物なんてものは喉元を過ぎれば同じだ。メンチカツで十分じゃないか」と言うので、僕は「喉元を過ぎるまでが重要だと考えます」と反論した。

アルファレコードの最盛期、僕は「アルファを米国のレコード会社に高額で売って、もうかったお金で新しいことをやりませんか」と提案したことがある。今度は梁瀬さんが反対して「村井君、何を言っているのですか。日本では商売を『商い（あきない）』というでしょう。『飽きない』でずっと続けるものです」と言われた。

どちらが正しいかはともかくとして、お互いに思ったことを言い合える関係が続けられてよかったと思っている。

梁瀬さんが二〇〇八年に九十一歳で亡くなった時、葬儀会場に花は贈らないでくれと事務局から連絡があった。それでも何かしたくて、奥様の富美さんに抱えきれないほどの赤いバラを贈った。梁瀬さんはバラが好きで、いつも事務室にバラの花を飾っていた。そしてその写真を撮るのが趣味だった。そんなことを思い出したからだ。

後日、富美さんから手紙が届いた。若い男の人からバラの花をもらうなんてずいぶん久しぶりで、とてもうれしかったと書いてあった。

Ⅳ　ＹＭＯ前史

すべては「スタジオA」から

二〇二三年八月、ジェリー・モス（一九三五年生まれ）とエイブ・ソマー（一九三八年生まれ）が相次いで亡くなってしまった。二人とも僕の五十年来の親しい友人だった。

ジェリーはハーブ・アルパート（一九三五年〜）と一緒にA&Mレコードを創業して共同会長を務めた米音楽産業界を代表する重鎮の一人。A&Mはハーブをはじめカーペンターズやセルジオ・メンデス、バート・バカラック、クインシー・ジョーンズ、ポリスらの優れたレコードを世に送り出した。

エイブはエンターテインメント弁護士の草分けで、A&Mレコードの顧問を務め、A&Mの成功を助けた。エイブの顧客にはドアーズやローリング・ストーンズ、ジャック・ニコルソンといった二十世紀の音楽産業や映画産業の歴史に残る人たちが数多くいた。

ジェリーとエイブ。この二人はイエロー・マジック・オーケストラ（YMO）の世界的な成功に大きな役割を果たしてくれた。

二〇二三年の一月と三月、YMOの高橋幸宏（一九五二年生まれ）と坂本龍一（一九五二年生まれ）が相次ぎ亡くなって寂しくなったところに、ジェリーとエイブまで逝ってしまい、僕は一つの時代が終わったと感じた。

振り返ってみれば、一九七六年に僕がアルファのスタジオAで開いたジェリーやハーブらA&M幹部へのプレゼンテーションで、細野晴臣（一九四七年〜）のアルバム『トロピカル・ダンディー』（一九七五年）の「チャタヌガ・チュー・チュー」を聴いてもらったことからすべてが始まったのだ。

一九四一年にグレン・ミラー楽団が演奏して大ヒットした古いビッグバンド曲を、三十五年の時を経て細野晴臣という日本の若者が全く新しい編曲で演奏している。ニューオーリンズ風のリズムや和声で演奏しているのだが、同時に日本的というか東洋的な感じもして、細野のユーモア感覚があふれている作品だ。

細野自身から聞いた話だが、ブラジルのアーティストがポルトガル語で歌った「チャタヌガ・チュー・チュー」からヒントを得て録音したそうで、ポルトガル語と日本語で歌われている。ジェリーやA&Mの幹部たちは「オー」と声を上げ、顔をほころばせて聴き入っていた。

「このハリー細野がアルファと契約する。海外での展開を考えている」

僕はそう宣言した。以来、ジェリーは会うたびに「あのハリーは今、何をしている」と尋ねてきた。細野を気に入ったのだろう。

アルファとA&Mは一九七八年に提携し、相互にライセンス契約をした。アルファはA&Mのレコードを日本で売り、A&Mはアルファのレコードを日本以外の全世界で売るという契約だ。

YMOのレコードがA&Mから全世界で発売され、世界的な成功に至った背景には、この提携があったのだ。

僕は作曲家としてグループサウンズの曲を書いていた頃から細野や幸宏の近くにいた。一九六八年に「フローラル」のデビュー曲を書いたのだが、このバンドには細野と親しい小坂忠と柳田ヒロがメンバーにいた。細野は翌一九六九年、小坂、松本隆、柳田らと「エイプリル・フール」を結成する。

細野はそのバンドの後身に当たる「はっぴいえんど」を結成する際もボーカルには小坂を迎えたかったのだが、小坂は川添象郎がプロデュースした反戦ミュージカル『ヘアー』に出演するため参加できず、代わりに大瀧詠一が参加した。

僕は同じ一九六八年、幸宏の兄の高橋信之が朝吹誠、成毛滋、蓮見不二男、斉藤茂一、シー・ユー・チェンらと組んでいたバンド「フィンガーズ」の曲も書いている。当時十四歳だったユーミンは「フィンガーズ」のファンで、いわゆる「追っかけ」だったそうだ。「ユーミン」という愛称をつけたのはシー・ユー・チェンだった。僕はその三年後、十七歳のユーミンと出会うことになる。

一九六八年に十六歳だった幸宏は夏休みに細野のバンドと共演し、軽井沢の三笠ホテルのプールサイド・パーティーでドラムをたたいている。幸宏の演奏を聴いた細野は、彼の才能に着目した。

当時、僕は三笠ホテルのプールに何度も出かけている。高原にある湧水プールだから水が冷たく、泳ぎ始めたのはいいが、ものの一分もしないうちに震え上がってしまったのを覚えている。しかし残念ながら、細野や幸宏が出演した日に僕が居合わせたことはなかった。

僕と細野が直接出会うのは二年後の一九七〇年で、僕はアルファミュージックを始めたばかりの二十五歳、細野は二十二歳。場所はキャンティを創業した川添浩史、梶子夫妻の自宅だった。

広尾にあった川添邸を訪ねると、細野は小坂忠と一緒にいて、川添象郎のフラメンコギターを借りて食堂で爪弾いていた。僕はそのギターを聴いて感動し、早速アルファのレコーディングに彼を招き、ベースを弾いてもらった。「赤い鳥」をはじめ、アルファが制作した多くのレコードに細野の名演が刻まれている。やがて幸宏もセッションミュージシャンとしてアルファのレコーディングに参加するようになった。

それからユーミンのデビューアルバム『ひこうき雲』（一九七三年）をはじめ、雪村いづみが服部良一作品を歌うアルバム『スーパー・ジェネレイション』（一九七四年）や小坂忠のソロアルバム『HORO』（一九七五年）など、歴史に残る名盤の演奏や編曲、共同プロデュースなどを細野に依頼した。

その後、僕は「契約プロデューサーとしてアルファに迎えたい」と細野に申し出る。レコード会社の設立を思い立ち、A&Mレコードとの提携を推し進めようと決意した頃だ。

「世界で大ヒットするレコードを一緒に作ろう」

細野にそう提案したのである。

僕は細野の音楽的な感性は世界に感動を与えるに違いないと確信していた。細野は、僕の持つ海外ネットワークが自分の音楽を世界に伝えてくれるかもしれないと考えて契約に合意したそうだ。

エイブ・ソマーとルー・アドラー

一方、僕がエイブと初めて会ったのは一九七一年一月のことだった。彼はその年に世界的なヒットを記録することになるキャロル・キングのアルバム『タペストリー』（邦題は「つづれおり」、一九七一年二月発売）をプロデュースしたルー・アドラーと一緒に初めて来日した。『タペストリー』はルーのレーベル「オード・レコーズ」が制作したアルバムで、A&Mレコードが発売した。ルーをジェリー・モスに紹介したのがエイブ・ソマーだった。

僕はキャロル・キングの音楽出版社「スクリーン・ジェムズ・コロンビア」の社長レスター・シルに頼まれ、羽田空港まで二人を迎えにいった。アルファは少し前にスクリーン・ジェムズの日本における下請け出版社になったばかりだった。スタートして間もない小さな会社で社員は十人にも満たない。運転手はいないから、僕は自分で車を運転して羽田に向かった。

エイブが僕との出会いを誰かに説明する際、いつも話していたエピソードがある。それは以下のような話だった。

エイブが羽田に到着するとキングレコードの人をはじめ多くの人が車で迎えにきていた(当時、A&Mレコードの日本における発売元はキングレコードだった)。彼はどの車に乗ろうかと思案した挙げ句、僕の車に乗った。長髪でいちばん若いから「きっと話が通じるだろう」と考え、ルーと相談して僕の車を選んだのだ。

僕の記憶はあいまいなのだが、エイブの回想によれば、僕は二人をホテルではなく、羽田からいきなり三田にあったアルファの事務所に連れていったらしい。そこでアルファが制作している曲やレコードをさんざん聴かされたとエイブは笑っていた。

僕も彼らを事務所に連れていったことは覚えている。いろいろと聴かせた中で、ルーが「これ、いいベースだね」と言ってくれたのがうれしかったからよく覚えているのだ。ベースを弾いていたのは、もちろん細野である。

二人が日本に滞在している間、僕はずっと彼らと一緒にいた。「京都を見た方がいいよ」と勧め、三人で京都まで足を延ばした。僕もエイブも学生気分で、堅苦しさなど一切なく、音楽や文学、歴史の話をして良い友達になった。

読書家のエイブは日本の歴史や昭和天皇について書かれた本をよく読んでいて、日本について僕にたくさん質問した。僕は日本の歴史について話し、エイブは自分の属する米国に移民してきたユダヤ人の歴史を率直に語ってくれた。

日本訪問の後、エイブとルーはモスクワ経由で南仏カンヌのMIDEM（国際音楽産業見本市）を訪れるという。僕もMIDEMに行く予定だったから、カンヌで再び合流して一緒に行動した。

カンヌに行く途中、エイブとルーはモスクワで一泊している。エイブの両親はロシアから移民したユダヤ人で、両親に頼まれて数百ドルの現金とジーンズをモスクワの親戚に届けたのだと話してくれた。当時のソ連ではジーンズは貴重品だったのだろう。

僕はスクリーン・ジェムズ・コロンビアとの仕事で年に四回ほどロサンゼルスを訪れていた。いつもサンセット通りにあるビバリーヒルズ・ホテルに泊まっていたのだが、エイブが「我が家の車庫の上にゲストハウスをつくったから、そこに泊まったらいいよ」と言うので、好意に甘えることにした。プールやテニスコートのある大きな家で、サンセット通りのウエストハリウッド付近から北に一マイルほど坂を上った先にある。スクリーン・ジェムズの事務所まで車で十五分ほどだから、とても便利だった。

スクリーン・ジェムズの事務所から歩いてすぐのところにA＆Mレコードの事務所や録音スタジオがあった。一九一七年にチャールズ・チャップリンがつくった映画スタジオの跡地をA＆Mが買い取り、映画スタジオはそのまま保存して、新たに録音スタジオや事務棟を建てたのだった。僕がA＆Mにルーを訪ねると、キャロル・キングのレコーディングを見学させてくれた。

その頃、エイブは最初の奥さんと別れ、六歳の娘イブと二人暮らしだった。彼も僕もスキーが好きだったから、クリスマス休暇になるとエイブとイブと僕の三人でコロラド州アスペンやユタ州パークシティなどスキーの名所に出かけた。滑った後に食事をしていると、疲れ果てたイブが食堂の床の上でスキー用のパーカーを着たまま寝てしまったことが何度もあった。

ジェリーがエイブと共同でアスペンに大きな家を借り、家族や友人たちを招いてクリスマスを過ごしたことがある。僕も招かれてA＆Mの英国会社社長のデレク・グリーンと相部屋になった。後にデレクはYMOの英国公演に力を尽くしてくれることになる。

エイブの両親は教育熱心で、息子の尻をたたいて勉強させたという。もともと頭も良かったのだろうが、彼は南カリフォルニア大学（USC）の授業料免除の特待生として法律を学んでいる。

卒業後も彼の母校愛はとても強く、寄付金集めに力を注いだのはもちろん、毎年アメリカンフットボールの季節になると仲間のためにバスをチャーターし、USCのキャンパス近くにあるロサンゼルス・メモリアル・コロシアムまで応援に繰り出していた。コロシアムは一九三二年と一九八四年に夏季オリンピックが開かれたスタジアムで、USCのフットボールチーム「トロージャンズ」の本拠地でもある。友人たちはエイブの家に車をとめてバスに乗り換え、コロシアムに向かう。僕もジェリーやA&Mの幹部たちと一緒にそのバスに乗ってフットボールの試合を何度も見た。

A&Mの従業員のためのパーティーがチャップリンの映画スタジオで開かれ、僕も招待されて参加したことがある(後にこの映画スタジオでYMOのスタジオライブが行われ、フジテレビが実況中継した)。

こんなふうに僕はジェリーやA&Mの幹部たちと仲良くなっていった。スクリーン・ジェムズの社長レスター・シルの義理の息子チャック・ケイがA&Mの音楽出版部門の社長だったり、そのチャック・ケイとエイブが親友だったり……。ともかく人間関係が重なっていて、みんなと仲間のようになっていったのだった。

ハリー細野の「イエローマジック」

アルファは一九七八年にA&Mレコードと提携したのだが、同じ頃に僕は「世界で成功するためにどんなレコードを作ればいいのか」について、細野と相談を始めていた。

細野は契約プロデューサーという立場だから、社員プロデューサーと違って毎日会社に来る必要はない。どんなレコードを作るかを考え、実際にそれを作るのが仕事だ。スタジオミュージシャンのように何時間スタジオで働いたからいくらという仕事とは違って、その仕事には毎月給料が支払われる。細野は安定的な収入を得られたのを喜んだが、一方で「何かやらなければいけない」というプレッシャーも感じていたと後に話してくれた。

細野は売れっ子のスタジオミュージシャンで超多忙だったし、僕も世界中を飛び回って万年時差ぼけのような暮らしをしていたから、二人で相談する時間をつくるのが大変だった。夜、それもとんでもなく遅い深夜に僕のアパートや飯倉片町のキャンティで話し込むこともあったし、じっくり相談する必要がある時は箱根の温泉宿に泊まりがけで話した。二人とも温泉が大好きなのだ。

ＹＭＯを始める時もＹＭＯを終わりにしようという時も、箱根の温泉宿で決めた。ＹＭＯのアルバム『ＢＧＭ』（一九八一年）のジャケットに温泉マークが使われているのが象徴的だ。

そんな二人だけの会議で最初に細野が言った。

「僕はニューオーリンズのクレオール文化に興味があるんです。クレオールの歌手に、僕らの音楽を歌わせてみたい」

クレオールとは植民地で生まれ育った人を指す言葉だが、ここでは特にニューオーリンズのフランス系の人たちを意味している。米南部ニューオーリンズは十八世紀からフランスの植民地になり、ヨーロッパの文化、ネイティブアメリカンの文化、奴隷としてアフリカから連れてこられた黒人の文化を継承し、独特の文化を形成してきた。フランス語が基礎になっているが、独自の言語を持っている。

僕はこの提案にすぐさま乗った。日本は古来、インドや中国の文化を受け入れ、それらを洗練させて独自の文化を築き上げてきた。明治維新以降はヨーロッパの文化を取り込み、アジア圏でいち早く「文明開化」を達成した。日本は異なる文化の受容と洗練にたけている。そんな伝統を受け継ぐ細野がクレオールの歌手と作品をつくる……。なんて面白い試みだろう、と思ったのである。

僕はロサンゼルスに飛び、クレオールの歌手を探した。紹介されたのはリンダ・キャリエールという女性歌手だった。すぐに細野をロサンゼルスに呼び、リンダと会ってもらった。細野もリンダを気に入って、日本に戻ってレコーディングを始めた。

録音に参加したのは坂本龍一、山下達郎、吉田美奈子、佐藤博、林立夫、鈴木茂、村上秀一、浜口茂外也、村岡健、高水健司、松木恒秀……。当時の日本ポップス界の最先端を行く音楽家ばかりだ。素晴らしいレコードができたのだが、肝心のA&Mの人たちの評価は芳しくなかった。

「これを世界でヒットさせるのは難しい」

と言うのだ。僕はこのレコードを発表せず、お蔵入りにした。なんとしても世界でヒットする作品を作りたかったからだ。

細野は次に「ハリー細野&ザ・イエローマジック・バンド」の名義で『はらいそ』(一九七八年)というアルバムを作った。『トロピカル・ダンディー』『泰安洋行』に続く細野の「トロピカル三部作」の最後を飾るアルバムだ。

レコードジャケットにはアルファのアートディレクターだった僕の友人で彫刻家の脇田愛二郎の発案によってインドや沖縄、日本、南太平洋、カリブ海、アフリカなどの植物や動物、人間と建物、クルーズ船などが曼荼羅のように描かれている。まさに細野ワールドそのものだ。

音楽的にも優れていて、いまだに世界中で高い評価を得ている作品だが、ほとんどの曲が日本語で歌われているため、世界発売は断念して日本だけで発売した。当時、欧米で日本語の歌を聴く人はほとんどいなかったのである。一九六三年に全米ヒットチャートで一位になった「上を向いて歩こう」(英題「スキヤキ」、作詞永六輔、作曲中村八大)は唯一の例外的な日本語曲だった。

近年は日本語で歌われた一九七〇~八〇年代の「シティポップ」が世界中で聴かれているが、当時の欧米のレコード会社は「日本語」というだけで拒否反応があった。

「イエローマジック」は「ブラックマジック」から細野が発想した。「ブラックマジック」は呪術だ。西アフリカから西インド諸島、ニューオーリンズ、ブラジルなどに伝わった呪術的な宗教「ブードゥー教」は有名で、今も信者がたくさんいる。

僕はフランスとブラジルとイタリアの合作映画『黒いオルフェ』(一九五九年)で、主人公のアフリカ系ブラジル人が亡くなった恋人と話をしたくてブードゥー教の巫女のような人に会いにいく場面を思い出す。激しいリズムに乗って踊る信者たちの中央に座る巫女に亡くなった恋人が乗りうつるのだが、主人公はこれがまやかしだと分かって絶望する。

『黒いオルフェ』は詩人で外交官だったヴィニシウス・ヂ・モライスの戯曲を原作にした映画で、音楽はアントニオ・カルロス・ジョビン(一九二七~一九九四年)、ルイス・ボンファらボサノバの創始者たちが担当している。この映画の影響は全世界に及んだ。

スタン・ゲッツがアントニオ・カルロス・ジョビン、ジョアン・ジルベルトと妻のアストラッド・ジルベルトと共演したアルバム『ゲッツ／ジルベルト』（一九六三年ニューヨーク録音）は一九六四年に発売され、全世界でヒットした。

クロード・ルルーシュ監督のフランス映画『男と女』（一九六六年）で、撮影中に事故で亡くなる俳優を演じるピエール・バルー（一九三四〜二〇一六年）がブラジルの偉大な音楽家たちにささげる曲「サンバ・サラヴァ」を歌っている。ヂ・モライスとバーデン・パウエルが作った曲だが、バルー自らフランス語の訳詞を手がけた。歌の途中で語りになり、バルーはヂ・モライス、ジョビンらの名前を挙げてたたえている。歌詞に出てくる「哀しみのないサンバは酔えない酒のようなもので、そんなものはいらない」という一節に僕は共感した。

バルーはブラジルロケで『サラヴァ』（一九六九年）というタイトルの優れた音楽ドキュメンタリー映画も作っている。僕も幸宏もこれが大好きで、この映画の話で大いに盛り上がったことがある。バルー自身のレコードレーベルの名前も「サラヴァ」だ。幸宏によるとサラヴァとはアフリカ系ブラジル人のあいさつの言葉で「あなたに幸せがありますように」という意味らしい。

ずっと後のことだが、バルーは日本人女性と結婚して東京にもアパートを持っていた。幸宏とバルーと僕の三人で銀座の割烹「出井」で日本料理を食べた思い出がある。

幸宏は『サラヴァ！』というタイトルのアルバムを一九七八年にキングレコードから出

している。ＹＭＯのデビュー作が出る直前のタイミングだ。ちょうど四十年後の二〇一八年に古いマルチトラックのテープを使って新たに歌い直したアルバム『サラヴァ　サラヴァ！』を発表しているぐらいだから、自分としても思い出深い作品だったに違いない。

坂本龍一もブラジル音楽、特にアントニオ・カルロス・ジョビンが大好きだった。二〇〇一年にはリオデジャネイロにあるジョビンの住んだ家で、ジョビン愛用のピアノを使って『ＣＡＳＡ』というジョビンにささげるアルバムを録音している。

細野の「チャタヌガ・チュー・チュー」もブラジル人女性の歌うポルトガル語バージョンにインスパイアされたそうだから、ＹＭＯとブラジル音楽は深いところでつながりがあるといえる。

そう書いている僕も実はサンバやボサノバはもちろんのこと、エイトル・ヴィラ・ロボス（一八八七～一九五九年）の一九二〇年代の作品やブラジルに滞在してブラジル音楽から影響を受けたフランスの作曲家ダリウス・ミヨー（一八九二～一九七四年）の作品が大好きだ。ミヨーは第二次世界大戦中に米カリフォルニア州へ移住し、デイブ・ブルーベックやバート・バカラックに複調性や多調性、変拍子の音楽を教えた人だ。僕は若い頃、そのブルーベックの音楽を好んで聴いて育った。

フリートウッド・マックのメンバーだったピーター・グリーンが「ブラック・マジック・ウーマン」という曲を一九六八年ごろに書き、フリートウッド・マック、サンタナ、エリック・クラプトンらが演奏している。

「彼女はブラック・マジック・ウーマン、僕を悪魔にしようとしている」といった歌詞がついている。この「ブラックマジック」に対して「イエローマジック」という言葉を発想した細野は面白い人だなと改めて思った。

「イエローマジック」は日本の呪術なのだ。

アルバム『はらいそ』が完成した直後、細野から「緊急に相談したいことがある」と連絡があり、深夜に飯倉片町のキャンティまで出かけて彼の話を聞いた。一言で言えば「シンセサイザーを使った作品を作りたい」という趣旨だったが、細野は細部にわたって丁寧に構想を語ってくれた。僕は細野の創造力を高く評価していたから「なんでも好きなように、思い切りやってほしい」と答えた。僕はその後すぐに海外に出張した。

しばらくして日本に戻り、スタジオAをのぞいてびっくりした。調整室とスタジオが何十本もの太いケーブルで結ばれていて、行き来するたびにケーブルが足に引っかかる。耳に入ってくるのは「ピー」とか「ブー」といった電子音だけで、リズムもハーモニーもメロディーも聞こえてこない。細野、坂本、幸宏の三人はシンセサイザーで自分たちの音楽のもとになる音色を作っていたのだ。初期のシンセサイザーにはあらかじめ作られた「プリセット音源」など用意されていないから、一つひとつの音を自分たちで「手作り」していた。

こうして作られた音素材を「打ち込み」という作業で音楽に組み立てていくのだ。ものすごく時間と手間のかかる仕事だ。スタジオのスケジュール表を見ると、細野のレコーディングの予定がぎっしり入っている。「これじゃあ、アルファのほかのアーティストが録音できないな。まいったな」と思った。

後にＹＭＯが売れた時、僕は細野に言った。

「この際、細野専用のスタジオをつくっちゃおうよ。そこで自由にレコーディングしていいからさ」

それで文京区音羽に細野専用の打ち込みスタジオ「ＬＤＫスタジオ」が生まれた。命名は細野自身だ。その心は「リビング・ダイニング・キッチン・スタジオ」。打ち込みの作業に没頭していると、あっと言う間に時間がたってしまい、まるでスタジオで生活しているような状況になるという意味だった。

ＹＭＯが一九八三年に解散する直前、細野は幸宏とともに「ＹＥＮレーベル」（アルファレコード内のレーベル）を立ち上げ、ここで細野の『フィルハーモニー』や幸宏の『ＷＨＡＴ，ＭＥ ＷＯＲＲＹ？　ボク、大丈夫!!』、ゲルニカの『改造への躍動』（いずれも一九八二年）などのユニークで音楽性の高い作品が次々に生まれることになる。

僕が知らなかった誕生秘話

僕と細野は二〇二三年にラジオで二回対談した。

一つはインターエフエムで細野がやっている番組『Ｄａｉｓｙ Ｈｏｌｉｄａｙ！』、もう一つはＮＨＫラジオの『ごごカフェ』の対談だった。ＮＨＫの方は「時代を変えた男たち〜音楽編」というテーマで、僕と細野が一時間ほど話した。二つの対談を通じて、彼は僕が知らなかったＹＭＯ誕生の秘話を明かしてくれた。

細野は一九七八年、シンセサイザーやコンピューターが日に日に進化していく状況のなか、シンセサイザーで世界を席巻する音楽を作ろうと思い立った。その少し前に日本でいち早くシンセサイザーを導入した天才音楽家、冨田勲さん（一九三二〜二〇一六年）のアルバム『月の光』（一九七四年）が米国で最初に発売されてビルボードのクラシックチャートの二位になり、続く『展覧会の絵』（一九七五年）は同一位を獲得していた。冨田さんは慶應義塾大学の先輩で、個人的にも仲が良く、尊敬する作曲家だった。僕も細野も『月の光』には注目していた。

細野は冨田さんのシンセサイザーのオペレーターを務めていた松武秀樹を誘ってシンセサイザーで音楽を作ろうと考えた。ところが同じ時期に坂本龍一も自分のプロジェクトに参加してくれと松武にアプローチしていたのだそうだ。

細野と坂本の間で話し合った結果、細野が計画したＹＭＯに坂本が参加するという形で落着した。しかし双方のマネージャーの利害も絡んできて「駆け引きがあって大変だった」と細野は振り返ってくれた。東京芸術大学出身の坂本は編曲家兼スタジオミュージシャンとして活躍してはいたが、バンドの経験は全くなかったためＹＭＯへの参加をためらっていたそうだ。細野は「懸命に龍一を説得した」と話してくれた。

ともかく、そんな具合にＹＭＯはレコーディングを始めたわけだ。一九七八年後半にはＹＭＯの第一作ができあがった。

僕は一九七七年に念願だったレコード会社「アルファレコード」を旗揚げし、さらに米Ａ＆Ｍレコードと提携したため、以前にも増して忙しくなった。従来通り海外出張も多かったが、国内出張が増えたからだ。アルファレコードの販売を請け負うビクターレコードの名古屋、大阪、福岡、仙台、札幌などの営業所に出かけてセールスの担当者に会ったり、レコード店を訪れたり、各地方の放送局や新聞社にアルファとＡ＆ＭのレコードをＰＲしたりしていた。

僕はもともとレコード店をやっていたから、店でレコードを売るとはどういうことなのか、少しは知っていた。レコードを販売する現場にいる人たちの共感がなければレコードはヒットしない。営業や販売の現場の人たちとのコミュニケーションはとても大切なのだ。

後にYMOがロサンゼルスのグリークシアターで演奏する場面を撮影したのは、その映像を全国のレコード店の店頭で見せたいと思ったからだ。幸いにもNHKが映像をニュースで流してくれたから効果は倍増し、YMOは一挙に売り上げを伸ばしたのである。

提携相手の米A&MにはアルファA本社から駐在員を送った。ロサンゼルスにあるA&Mの国際部の建物に一室をもらい、その初代駐在員として依田悟が就任した。

僕の慶應義塾大学の同級生だ。学生時代は僕がジャズオーケストラ「ライト・ミュージック・ソサイェティ」、依田は軽音楽サークル「カルア・アイランダース」のメンバーで、夏休みには一緒に全国を演奏旅行した仲だ。依田はパンアメリカン航空、依田夫人は日本航空の出身で、そろって英語が堪能だった。依田夫妻は自宅で食事会を開き、A&Mの社員を頻繁に招いて友好関係を築き上げていった。

僕はジェリーに頼んで毎週木曜日に開かれていたA&Mのマーケティング会議に僕や依田が出席できるようにしてもらった。ジェリーら幹部のほか、制作、宣伝、営業の各部門の代表者が週に一度集まって情報交換し、最後にジェリーが方針を述べる三十人ほどの会議だ。

どのレコードがどの地域でどのくらい売れているのか、ラジオ局のヒットチャートでどんな状況になっているのか……などが話し合われる。当時、レコードの売り上げはラジオと密接に結びついていて、ラジオで頻繁にかかる曲はよく売れたから、ラジオチャートの動向は最重要の議題だった。

そのほか会議で報告されたのは、今どんなレコードが制作されているのか、A&Mのアーティストがどこでどんなライブ活動をしているのか、その反響はどうだったか、どんなアーティストと契約交渉をしているのか……などだった。

つまりレコード会社を運営するうえで最も重要な情報が共有される会議なのだ。A&Mの活動のすべてが語られるのだから、部外者の参加など普通はあり得ない。しかしジェリーは僕を信用してくれて、僕や依田の出席を許してくれた。

この会議で得られた情報はA&Mのレコードを日本で売るうえでとても役に立った。情報はいち早くアルファレコード社内の関係者に共有され、どんなレコードをいつ出すのか、どんな宣伝戦略が米国で成功していて、日本でも同じ戦略が使えるのか……といった判断が早く、正しくできるようになった。さらに日本の活字メディアや放送メディアに向けてA&Mのレコードやアーティストの動向を素早く伝えられるようになった。

その結果、リタ・クーリッジやスーパートランプ、ポリスといったA&Mのレコードは日本で立て続けにヒットしたのである。

YMOの最初のレコードが完成した一九七八年秋、僕はコピーを依田に送った。依田がそれをマーケティング会議の場でみんなに聴かせたところ、とても好評だった。会議に出席していた若手社員たちが熱心なYMOファンになってくれて、米国発売を推進していった。

日本の音楽のアイデンティティー

YMOのデビューアルバム『イエロー・マジック・オーケストラ』の日本発売は一九七八年十一月二十五日。翌十二月に東京・新宿の紀伊國屋ホールで開かれた「アルファ・フュージョン・フェスティバル'78」にYMOを出演させたところ、来日したA&M契約プロデューサーのトミー・リピューマが見てくれて「YMOを自分のレーベルから出したい」と言った。

細野はロサンゼルスに飛び、キャピトル・スタジオで伝説のレコーディングエンジニア、アル・シュミットとトミーの三人で米国版『イエロー・マジック・オーケストラ』のミックスをやった。米国版のアートワークはマーケティング会議でいちばん熱心だった若手社員のグループがルー・ビーチに依頼し、いわゆる「電線芸者」の絵を描いてもらった。和服を着た芸者さんの絵なのだが、芸者さんはサングラスをかけ、髪の毛は電線になっている。

一九七九年春にジェリー・モスとハーブ・アルパート、エイブ・ソマーが来日した。六本木のディスコで関係者向けのパーティーを開き、YMOが演奏した。集まった人たちは誰もが「これからYMOをやるぞ」という気持ちを共有した。

同年五月三十日に米国版が米国で発売され、同年八月にはYMOの三人に矢野顕子、渡辺香津美、松武秀樹が加わり、ロサンゼルスの野外音楽会会場「グリークシアター」で演奏して絶賛されるのである。

こうした経緯や後のYMOの世界的な成功については、すでに多くの本に書かれているから、僕が改めて詳述する必要はないだろう。YMOはこうして世界に飛び立っていったのだ。

先に触れた二〇二三年のNHKラジオの対談の後半で、細野と僕は「なぜ僕らはあれほど一所懸命に自分たちの音楽を世界に出したかったのか」について語り合った。

「僕はずっとジャズやクラシックなどの外来音楽を聴いて育ったから、日本人である僕たちの作った音楽を外国の人たちに『どうだ、結構いいだろう』と言って聴かせたかったんだ」と僕が言うと、細野は「分かるなあ。僕もそう考えていました」とうなずいた。

僕たちは日本の音楽のアイデンティティーを世界に示したかったのだ。僕と細野は、

「また一緒にレコードを作ろう」

と約束して放送を終えた。

ＹＭＯの成功の後、僕はアルファ・アメリカを設立してさらに多くの日本人音楽家のレコードを世界に紹介しようと試みたが、資金が続かず撤退を余儀なくされた。その後もロサンゼルスに音楽出版社を設立して海外で仕事を続けたが、バブル経済の崩壊で苦境に陥った。打開策として、僕は家族を連れてロサンゼルスに引っ越した。荷物の山の中で疲れ果て、健康問題もあった僕は呆然としていた。

そんな時に訪ねてきてくれたのがエイブだった。彼は僕を励まし、自ら荷解きを始めた。それで僕も気を取り直して荷解きに着手できたのだった。

旅行や仕事で訪れるのと実際に住むのとでは大違いだ。数々の生活上の問題についても、エイブが一つひとつ丁寧に教えてくれた。教育に関するアドバイスは特にありがたかった。僕の二人の子供はエイブが推薦してくれた学校の生活を心から楽しんでいたし、二人が喜んでいる姿は僕たち夫婦に勇気を与えてくれた。

僕はエイブの家の隣に住むようになり、ほとんど毎日顔を合わせていた。バラの手入れをしているエイブと、よく垣根越しに立ち話をしたものだ。彼が亡くなった今も、家に帰ると垣根の向こうでエイブがニッコリ笑って手を振っているような気がするのだ。

村井さんの確固たる美学

吉田俊宏（日本経済新聞社編集委員）

村井邦彦さんは多面的な存在で、その業績はとても一言では言い表せない。

「教科書にも載った国民的な愛唱歌『翼をください』を作曲した」「まだ高校生だったユーミンこと荒井由実（現・松任谷由実）の才能を見いだした」「アルファレコードを設立し、細野晴臣、坂本龍一、高橋幸宏のイエロー・マジック・オーケストラ（ＹＭＯ）を世界市場に送り出した」……。

ひとつだけでも大変な業績だが、村井さんはそのすべてを成し遂げた。スケールが大きすぎてイメージしにくいためか、これまで村井邦彦という巨人の全容は一般に伝わっていなかったように思える。

村井さんがどうやって名曲の数々を書き、隠れた才能を見いだし、音楽家でありながら国際的な音楽ビジネスに乗り出すことになったのか。本書にはその答えが詳細につづられているのだが、ポピュラー音楽史における位置づけ、客観的な評価などについては当然ながら自身では書きにくく、謙遜を交えた表現にとどまっている部分もある。

そこで村井さんと個人的な付き合いもある記者の視点から、そのあたりを補っておきたい。

村井さんがプロの作曲家としてデビューしたのは一九六七年、つまりグループサウンズ（ＧＳ）

全盛期だった。レコード会社や事務所はGSのバンドのために、従来の歌謡曲の作家ではなく、新しい感性を持つフリーの作家の作品を求めた。そこで頭角を現したのが筒美京平、鈴木邦彦といった作曲家であり、村井さんも「エメラルドの伝説」（テンプターズ）や「廃虚の鳩」（タイガース）などをヒットさせ、一躍売れっ子作曲家になったのだった。

GSで活躍した作曲家は歌謡曲でも重用され、ジャズをはじめ洋楽の感覚を前面に出した新しいタイプのヒット曲を連発する。その路線で一九七〇～八〇年代まで突き進んでヒットメーカーの地位を築いたのが筒美さんだった。村井さんも七〇年代前半までの短い期間に「夜と朝のあいだに」（ピーター）や「経験」（辺見マリ）、「或る日突然」（トワ・エ・モワ）をはじめヒット曲を量産するのである。

ここまでの活躍だけでも偉大な作曲家として名を残すことになったはずだが、村井さんはさらに独自性を発揮していく。

作曲家でありながら、自ら音楽出版社「アルファミュージック」を一九六九年に旗揚げするのだ。作詞、作曲者から楽曲の著作権を預かって管理し、その楽曲が演奏、歌唱される機会を増やし、広く深く世間に聴かれるように働きかけるのが音楽出版社の主な仕事だ。

当時の音楽出版界では放送局や出版社、芸能プロダクション傘下の会社が強大な力を持っていた。デビューして間もない二十四歳の作曲家が自前で会社を立ち上げるなんて無謀ともいえる行動だった。

しかし村井さんは果敢に挑戦し、悪戦苦闘しながらも成果を上げていく。ほぼ一瞬にしてユーミンや細野さんの才能を見抜いたり、好きな曲を選べと言われて後に世界的なスタンダードソングになる「マイ・ウェイ」の原曲を引き当てたりと、村井さんの卓越した嗅覚には多くの読者が舌を巻くだろう。

さらに欧米の音楽業界のトップに君臨する人たちとすぐに打ち解け、厚い信頼を得ていくあたりは村井さんの人柄のなせる業で、これも才能といえる。

村井さんは一九七七年、自前のレコード会社「アルファレコード」を設立する。アルファが世に送り出したユーミンや吉田美奈子、佐藤博らの音楽は近年「シティポップ」の名で世界的に再評価されている。

最先端の設備と機材を惜しみなく投入したアルファの「スタジオA」で、細野晴臣をはじめ後の音楽界をリードする腕利きのミュージシャンたちが寝食を忘れて作り上げた音楽が、今や世界中の尊敬を集めているわけだ。その背景には現代のような効率優先ではなく、良い音楽を作るためには時間とお金を惜しまないアルファの村井社長の姿勢があったことは言うまでもない。

村井さんが率いたアルファの集大成ともいえる成果がYMOの世界進出だった。本編を読めば明らかだが、村井さんの働きがなければ、YMOが欧米市場を席巻することはあり得なかった。

数々の名曲を生んだ作曲家でありながら、プロデューサーとして、あるいはレコード会社の社長として、数々の才能を世に送り出し、成功に導いた。村井さんの功績を要約すればこういうことになるのだろう。

作曲家、プロデューサー、経営者。村井さんがそれぞれの分野で一流になれた理由は、言葉にすると平凡になってしまうがセンスの良さではないかと思う。村井さんは確固たる美学を持っていて、自分が美しくないと思う事柄には全く反応しないが、ひとたび「美しい」と思った対象にはすさまじい情熱を注いで対象の潜在能力を引き出し、大輪の花を咲かせてしまうのである。

Ⅰ章「僕の履歴書」
初出は日本経済新聞朝刊（二〇二三年二月一日〜二十八日）、
Ⅱ、Ⅲ、Ⅳ章は書き下ろしです。

村井邦彦（むらい・くにひこ）
作曲家、プロデューサー。米国ロサンゼルス在住。１９４５年東京生まれ。慶應義塾大学卒。69年に音楽出版社アルファミュージック、77年にレコード会社アルファレコードを設立し、赤い鳥、荒井由実、吉田美奈子、イエロー・マジック・オーケストラ（ＹＭＯ）などを世に送り出した。代表作に「翼をください」「虹と雪のバラード」（札幌オリンピックの歌）など。著書に『村井邦彦のＬＡ日記』『モンパルナス１９３４』（吉田俊宏との共著）がある。

音楽を信じる　We believe in music!

二〇二四年五月十五日　第一刷

著者　村井邦彦　©Kunihiko Murai,2024

発行者　中川ヒロミ

発行　株式会社日経ＢＰ
日本経済新聞出版

発売　株式会社日経ＢＰマーケティング
〒一〇五－八三〇八　東京都港区虎ノ門四－三－一二

印刷　錦明印刷

製本　大口製本

ISBN978-4-296-11893-9　Printed in Japan